JN309061

夏目漱石から読み解く「家族心理学」読論

亀口憲治 著

福村出版

JCOPY 〈(社)出版者著作権管理機構 委託出版物〉
本書の無断複写は著作権法上での例外を除き禁じられています。複写される場合は、そのつど事前に、(社) 出版者著作権管理機構（電話 03-3513-6969、FAX 03-3513-6979、e-mail: info@jcopy.or.jp）の許諾を得てください。

目次

カバー・章扉の写真　提供／日本近代文学館
本扉の写真　提供／藤田三男編集事務所

序章

一、個人と家族の心理学

私が心理学の世界に足を踏み入れて、すでに四〇年以上になります。その出発は、日本の高度成長期と重なる一九六〇年代後半でした。この間に、アメリカを中心とする現代心理学は、急速な発展を遂げました。二〇世紀後半から二一世紀初頭にかけての約半世紀は、学問としての心理学の歴史にとって大変に実り多い時期だったと同時に、一心理学徒である私にとっても、かけがえのないものでした。現代心理学の発展を当事者としてつぶさに見聞できたことは、学問を志すものとしてはまことに幸運でした。

私自身は、臨床心理学を専門とする立場から、実践での経験を通して「家族」に焦点を向けるようになり、思いもかけず家族療法を実践するようになりました。その実践も、いつのまにか三〇年に及ぶ年月を重ねていたのです。この経験を通して、また、きわめて個人的な視点からですが、二〇世紀の心理学は「個人の心理学」だったとの思いを、改めて強くしています。では、新世紀の心理学の焦点は、どこに向かうのでしょうか。私見では、二一世紀の心理学は、個人心理を超えた「家族の心理学」に比重が移っていくだろうとみています。もちろん、広範な領域に拡大し、展開している個人心理学が、今後も多くの知見をわれわれに提供してくれるだろうことは、疑う余地がありません。それらの成果を基盤として、今後はさらに「家族関係にかかわる心理現象」に社会の注目や期待が集まるだろうと予測しています。

日本ではあまり知られていないことですが、私にその予感を抱かせた象徴的な出来事があります。それは、世界最大の心理学者の集まりである「アメリカ心理学会」（APA : American Psychological Association）の二〇〇〇年以降の会長（任期一年）に、家族に関連する研究や実践、あるいは公共の政策決定にかかわるテーマを専門とする心理学者が相次いで就任していることです。一二〇年もの歴史を誇るＡＰＡの歴代会長は、最新の研究・臨床実践の成果を直接、あるいは間接に大統領をはじめとする政権スタッフや上院、下院の議員や政策立案に影響力のある各種審議会委員を対象とするロビイスト活動を活発に展開してきました。その成果はＡＰＡの広報誌、学会誌、あるいはインターネットの公式ホームページを通じて速報する体制が整えられています。私は、これまでの三〇年間、ＡＰＡの外国人会員として最新の心理学関連情報を入手するように努めてきました。それらの情報は、研究や実践課題に関する私なりの中長期の見通しを立てる際に、とても有益な判断材料となりました。

アメリカが、世界中でもっとも個人の自由や権利が尊重される国だとみなされることに、正面から異論を唱える人はいないでしょう。移民国家として歴史の浅い国であるだけに、科学的な実証性に基づく学問である心理学に対する国民の期待が高いことも、その発展を支える重要な社会的要因として見逃すことはできません。そのアメリカの心理学の最新動向が、「個人」から「家族」にシフトしつつあるという私の指摘に、首をかしげる人がいるのは当然かもしれません。

その背景として、唯一の超大国となったアメリカが主導的役割を果たしてきたグローバル化の急速な進展があることを否定することはできません。なぜなら、現代の社会生活のあらゆる側面で進行するグローバル化の波は、個人では移動がままならない高齢者や子ども、さらには障害者にも及び、他者の支援なしには、その生存が脅かされる事態が広がっているからです。これらの「社会的弱者」とされる人々は、個人としての自由や権利が確保されるためにも、「家族的な支援」を必要としています。ただし、その際の「家族」は、必ずしも「血縁家族」に限定されるものではありません。日本を筆頭に、少子高齢化する二一世紀の世界では、洋の東西を問わず、「家族」が多様化せざるを得ないからです。血縁家族と同様に、親密なかかわりを結ぶ人々の集まりが「擬似家族」を形成し、地球規模で人と物が移動する時代の新たな相互扶助のあり方を模索する具体策が、これからの心理学に求められているのではないでしょうか。本書が取り上げる家族心理学への期待も、そこに潜んでいます。

二、個人と家族の人生周期

人生周期（ライフサイクル）という言葉は、エリック・エリクソン（Erik H. Erikson, 1902–1994、以下、

Ｅ・エリクソンと表記）という提唱者の名前とともに、心理学に関心のある人であれば、すでにおなじみでしょう。ただし、デンマーク人の母親が、彼を産んだ後に芸術家であったとされる実父と離婚し、その後にユダヤ系の医師と再婚したため、Ｅ・エリクソンは養子となったことまで知っている人は、あまりいないかもしれません。さらに、Ｅ・エリクソン自身はその死に至るまで、自分の実父が誰であるかについては知ることはなかったそうです。

Ｅ・エリクソンは小児科医であった養父を理想化したイメージと重なる子どもの心の医者である児童精神分析家となりました。その後、偉大な宗教家であるルターに関する研究によって精神分析的文筆家、つまり幻で終わった実父の芸術志向のイメージと重なる文筆家となったのです。青年期からの長い「内的引き裂かれ」のなかで生きてきたＥ・エリクソンは、『青年ルター』を公刊した五六歳にして、はじめてアイデンティティを確立することができたともいえるでしょう。同時に、それはエリクソン家における「父なるもの」と「母なるもの」の和解のテーマに繋がっているのかもしれません（鑪、二〇〇二）。人生周期の場合と同様に、Ｅ・エリクソンによって世に広められた「アイデンティティ」という言葉を深く理解するうえでも、「個人」という境界内にわれわれの視野を限定してしまうことは、必ずしも適切ではないのです。

個人の人生周期に対して、家族の集団がたどる人生の周期を指す「家族人生周期」（家族ライフサイクル）という言葉が使われるようになったのは、比較的最近のことです。発達心理学や臨床心理学、あるいは教育心理学を学んだ人にとっては、人生周期（ライフサイクル）といえば、疑いもなく「個人にとっての人生周期」のことしか思い浮かばないかもしれません。しかし、本書を通じて家族心理学に親しもうと目されている読者のみなさんにとって、これからは「家族の人生の周期」、つまり「家族人生周期」という言葉が頭から離れなくなるでしょう。なぜなら、この言葉の意味するところを深く掘り下げて理解するにつれ、これまでの個人をベースとした心理学（二〇世紀の心理学）と家族を視野に入れた心理学、つまり家族心理学（二一世紀の心理学）との根本的な差異に気づくようになるはずだからです。

では、個人の人生周期と家族の人生周期の大きな違いはどこにあるのでしょうか。それを理解するうえで格好のエピソードが、ハーバード大学の科学史のフリードマン教授によるE・エリクソンの徹底的な調査に基づく伝記的研究によって明らかにされました（Friedman, J. L., 1999）。それは、人生周期論の生みの親であるE・エリクソン自身の家族の秘密にかかわることです。これまで、E・エリクソンの家族は夫妻と三人の子どもたちであると知らされていました。写真などでも、そのように紹介され、ライフサイクル論者の「健全な家族像」のみが公にされていました。しかし、驚くべきことに、エリクソン夫妻には四番目の子ども（ニール）がいたことが、フリードマンの研究によって明らかになったのです。その男の子はダウン症だったために、生後すぐに施設に入れられたものの、父親のエリクソンはほとんど見舞いや面会に行かず、母親のジョーン夫人がたまに面会に行く程度だったそうです。その上、ニールが亡くなった時、夫妻はイタリアでの学術会議に出席していたために、ニールが生活していた施設のあるカリフォルニア州内に住んでいた次男と長女に葬儀を任せたそうです。

長女のスー・エリクソン・ブロランドは後にニューヨークで精神分析家になるのですが、子どもの頃、弟のニールについては、母親から生後すぐに死亡したと説明されていたそうです。この障害児の弟の生存が秘密にされていたことが物語るように、娘のスーは高名な父親E・エリクソンとの葛藤に幼い頃から悩み続けました。その痛ましい家族体験は、父親の死後一〇年を経た二〇〇五年に出版された自伝的著書『In The Shadow of Fame（名声の陰にて）』に生々しく描かれています（Bloland, S.E., 2005）。晩年のE・エリクソンは、『エリクソン伝』を執筆中だったフリードマンから、実父の可能性があるデンマーク人の二人の写真家の写真を見せられてもまったく関心を示さず、その写真を脇に押しやったそうです。一方、実母の写真はしっかり眺めていたそうです。父親のことは、もう考えたくなかったのかもしれません。

E・エリクソンにとっては、個人史の縦糸を彩る人生危機に視野を限定せず、家族がかかえる危機をも視野に入れることは、自らの苦難に満ちた家族体験が壁となって果たせなかったのでしょう。しかし、その残された課題は、娘のスーによって引き継がれたといえます。なぜなら、彼女はエリクソン家の家族危機によって受けた心の傷の癒しを精神分析に求め、やがては自らも父と同じ精神分析家となったからです。彼女の記念碑的な書物が出版されたのは、父親が活躍した二〇世紀ではなく、その没後の二一世紀に入ってからだったことも意味深長です。二〇世紀の心理学は、「個人の人生周期」を視野に入れた成果を達成しました。そして、二一世紀の心理学はそれを土台として、さらに複雑な仕組みをもつ「家族の人生周期」の解明に取り組む段階にきています。家族心理学は、臨床心理学、発達心理学、健康心理学、社会心理学、教育心理学、あるいはコミュニティ心理学などとの連携を密にしながら、その尖兵ともいえる役割を担っているのです。

三、家族心理学からみた日本の社会

家族心理学の大きな特徴の一つは、家族員相互の「関係」を重視することにあります。個人心理学も「関係」を扱いますが、それは個人の視点からのことです。家族心理学では、むしろ「関係」そのものに目を向け、ついで、その関係の文脈のなかにある家族個々人の心理特性の理解に努めます。空間的な表現を使えば、「点」としての個人からはじめるか、それとも、「線」としての関係からはじめるかのちがいだといえるかもしれません。この空間的な比喩を使えば、家族心理学は心理現象を立体的な「面」でとらえようとする特性をもっています。三次元CGの映像を見ている場面を想像してみてください。さらに、その静止画像が動き出す様子を思い浮かべると、実感がより鮮明になるはずです。

家族心理学は、三次元の「空間」に「時間」の次元を加えた「四次元時空」の生きた文脈のなかで、人間の心理現象を扱います。とりわけ、家族の相互作用によって生み出されるさまざまな「関係」が織り成す複雑な「綾」（パターン）の解明をめざしているのです。一九七〇年代に欧米で家族心理学のアイデアが誕生したのは、心理臨床領域で家族療法の実践が急速に発展したことが起爆剤になったからでした。家族療法の理論的基盤となったのが家族システム論であり、それに大きな影響を与えた人物は文化人類学者のグレゴリー・ベイトソン（以下、G・ベイトソンと表記）でした。G・ベイトソンは、「結び合わせるパターン」という言葉に集約される東洋的要素を含んだ斬新な発想法を駆使し、家族内で生じる心理的問題の発生の仕組みを解明しようとしました。その結果生み出されたのが、家族システム論だったのです（G・ベイトソン、二〇〇一）。

しかし、臨床実践における家族療法や家族システム論の広がりに比べると、心理学における家族システム論の受け入れは、遅々として進んでいないのが現状です。それは、冒頭で述べたように、大局的にみて、二〇世紀の心理学が西欧由来の二元論的な世界観に基づく、「個人心理学」に留まっていたことと無縁ではないからだと考えられます。「家族心理学の父」とも称されるラバーテ（Luciano L'Abate, 2003）が述べているように、APAの家族心理学の専門部会でさえ、その主要な構成員は臨床分野で活躍する人々であり、実証研究を主とする者はごく少数です。つまり、心理学の最先端を行くアメリカでも、家族心理学の学問的な発展は、二一世紀にもち越された課題となっているのです。しかし同時に、すでに述べたように、APAの首脳陣は家族支援にかかわる問題解決をAPA全体の発展の鍵を握る重要課題とみています。

翻って、日本の現状はどうでしょうか。日本の家族心理学の発展を担ってきた日本家族心理学会は、一九八四年に設立されました。その誕生は、ＡＰＡの四三番目の専門部会として「家族心理学」が設立された時期とほぼ同時期であり、欧米に決して遅れをとっていなかったのです。この早い段階で日本家族心理学会が設立された要因には、八〇年代にわが国に家族療法が導入されたことが大きく影響しています。当時の日本社会は、家族療法による即効的な問題解決を期待せざるを得ない深刻な状況を抱えていました。八〇年代初頭から日本全国の学校では、校内暴力、家庭内暴力、いじめ、さらに不登校などの子どもの問題が噴出し、従来の心理的手法では対応できなくなっていたからです。

八〇年代後半から九〇年代の前半にかけて、家族療法の考え方は日本の社会に徐々に浸透していきました。また、学校における子どもの問題行動の解決の切り札として、文部省（現在の文部科学省）によるスクールカウンセラーの派遣事業が九〇年代に開始され、臨床心理士が公立の小・中学校に非常勤職員として配置されるようになりました。皮肉なことに、この事業の進展とともに、わが国における家族療法の実践が、少なくとも表面上は衰退していった感があります。なぜなら、スクールカウンセラーに対しては、家族療法的な問題解決を実践する理論的、あるいは教育行政的な根拠が与えられなかったからです。たとえ、スクールカウンセラーが家族療法的な支援を試みようとしても、陰に陽に圧力がかかり、事実上は実施できない状況が広がっていきました。

この状況は、ある意味では避けがたいことだったともいえます。お手本としてきた二〇世紀の欧米のカウンセリングや心理臨床の基本パラダイムは、個人療法を基盤としていたからです。弟子筋の日本のスクールカウンセラーが、その基本を無視して、いきなり「家族」を対象とする二一世紀型の心理的支援に乗り出すことは、時期尚早だったといえるのかもしれません。他方で、心理学研究の分野では、個人を含む家族関係を視野に入れた実証的研究が、発達心理学や教育心理学の分野で若い世代の研究者によって取り組まれるようになり、日本家族心理学会の機関誌『家族心理学研究』に次々と投稿され始めています。日本の心理学研究も、「家族関係」を視野に入れることを、「タブー」とはしなくなりつつあるようです。

文部科学省の重要施策であるスクールカウンセラーの公立中学校への全校配置はすでに完了し、現在は小学校や高等学校への配置が、徐々に充実されつつある現状です。もっとも、スクールカウンセラーに若い世代が多いことなどを考慮すると、学校現場で親子同席面接を実施することは難しいようです。とくに、管理責任を負う立場にある教育相談担当の指導主事や大学院で指導する教員にしてみれば、そのような家族同席での面接は、何か不都合なことが起こりかねない印象のみが先行し、不安感が募るようです。無理からぬことです。

とはいえ、マスコミ等で言われる「モンスター・ペアレント現象」の発生を未然に防ぐためにも、保護者との良好な関係作りが欠かせないことは、いうまでもないことです。また、保護者面接や三者面談、あるいは家庭訪問などといった名称で、これまでも学校現場では「家族面接」が実践されてきました。さらに、医療や福祉あるいは、産業の領域でも、予防における家族面接の有効性が再認識されつつあります。したがって今後は、最新の家族心理学によって裏打ちされた「家族心理面接」を、臨床心理士や家族心理士、あるいは家族相談士が、他の専門職の人々との協働によって、適切に実践していくことが期待されます（亀口、二〇一〇）。

四、日本の家族の心理特性

現在の日本の家族が深層で抱える心理的問題がいかなるものであるかについては、家族心理学の立場からしても明確に見通せるものではありません。「一〇〇年に一度」とも表現される気候変動と同様に、日本の家族にも底知れぬ変化が生じていることも、また事実です。そこで本書では、この大規模な社会的パラダイムの移行期を迎えた日本の家族の表層ではなく、深層部に潜む心理特性に、発展途上の家族心理学の光を当てることにします。

その深層部に迫るために私があえて選択したのは、現代の家族ではなく、一九世紀末から二〇世紀初頭を生きた日本の家族、しかも文豪夏目漱石とその家族です。なぜ、一〇〇年も前の、しかも漱石の家族でなければならないのか、不思議に思われる方も少なくないことでしょう。でも、そこに、何かのメッセージを予感した方がいることを、私は密かに期待しています。本書を手にした読者が、そのような「直感力」のもち主であることを、著者である私は期待しています。そうでなければ、「出会いの場」としての本書は、意味を成さないのです。

時代や分野も異なる夏目漱石と現代の家族心理学を結びつける「前例のない企て」に、私がなぜ乗り出したかについては、本書を読み通した段階ではじめて納得していただけるかもしれません。私の意図は、家族心理学の立場から専門外の漱石の病跡学や文学論に口を挟もうとしているのではありません。あくまでも、現代日本の家族が抱える心理的問題を解決する手がかりを、漱石の家族を対象にした、読者との協働によって発見できるのではないかと考えるからです。

ここでは、私がなぜそのように仮定したかについて、ごく簡単に説明しておきます。それは、われわれ日本人が意思疎通に用いる手段としての母国語、つまり「日本語」の特性を深く理解しなければ、現代日本の家族の心理特性の深部には迫れないのではないかと考えるようになったからです。同時に、家族療法におけるナラティヴ・アプローチの拡大や広範な研究領域における質的研究法の再評価、あるいは力動的精神療法における日本語臨床の試みなどからも多くの示唆を得ました。そこで、私自身の立脚点として、商売道具であった英語を捨てて母国語である日本語を駆使し、日常生活での家族の心理過程を見事に写生することに成功した漱石と家族との関係に焦点を当てることにしたのです。幸い、漱石とその家族については、一次資料である日記や手記を含む膨大な文献資料が利用できることも、決断に至った大きな要因となっています。

　本書が出版される年は西暦二〇一一年です。ちょうど一〇〇年前の一九一一年は、明治四四年に当たります。この年に四四歳を迎えた漱石は、すでに新聞小説家として世に知られる存在でしたが、同じ年に七番目の子どもであるひな子が二歳足らずで急死する不幸に見舞われています。漱石は、処女作『吾輩は猫である』の執筆をきっかけとして、東京帝国大学の英文学講師の職を辞し、新聞小説作家へと転職しました。その人生は、明治維新の激動や一九世紀末の世界的変動に彩られていました。当時の日本の家族は、見方によればグローバル化の波に翻弄されている現代日本の家族以上に、先行き不透明な社会状況のなかにおかれていたともいえます。

　江戸時代末期の慶応三年に生まれた漱石は、文明開化の波に乗って大学入学をめざし、それまで親しんでいた漢学を捨て、兄の勧めもあって英語を習得することに変更し、やがて本格的に英文学の道に進むことになります。お雇い外国人教師から直接に学んだことも手伝ってか、漱石は圧倒的な外国語の読み書き能力を身につけました。ロンドン留学中には、下宿にこもって最新の心理学を含む多くの原書を読み込むことに没頭したことが知られています。帰国後も、アメリカ心理学会の第三代会長（一八九四年）を務めたウイリアム・ジェームズの『心理学原理』や『多元的宇宙』などの新刊本を取り寄せて熟読していた事実が、漱石の蔵書の調査から明らかになっています（小倉、一九八九：宮本・関、二〇〇〇）。

　漱石は、当時の日本人としては完璧と目されるほどの英語力を身につけながら、留学先のロンドンでは恐ろしいほどの劣等感にさいなまれ、心を病むまでに陥ります。帰国後もその後遺症は癒えることがなく、妻子にまでそのしわ寄せは及んだのです。長女の筆子は、漱石没後数十年経って自分の娘（漱石の孫）に父の印象を語る時でさえ、思わず身震いするほどの怖い思いをしたようです。まさに、漱石の家族全体が何度も家族崩壊の危機状態に陥ったのです。その危機を救うきっかけとなったのが、処女作『吾輩は猫である』の執筆でした。当時、漱石は大学で英文学を教え始めたばかりだったのですが、わずか数年で不適応状態に陥ります。妻鏡子との軋轢も深刻となり、漱石は追い詰められていきます。そのような不穏な精神状態からの突破口が、『吾輩は猫である』を創作することによって拓かれたといえます。

　この作品の構想は、漱石が幼い頃から親しんでいた落語に影響を受けているとされています（水川、一九八六）。漱石は、文明開化を象徴する英文学とはまったく逆方向の、江戸時代の庶民芸能であった落語に眼を向け、猫が人間のふりをする「猫伝」という噺に創作のひらめきを得たようです。いわば、文明開化の夢に裏切られた漱石による日本回帰、あるいは日本語回帰だったのかもしれません。しかも、語り手の猫が読者（聴衆）に語る小噺は、漱石の分身ともいえる教師「珍野苦沙彌《ちんのくしゃみ》」の平凡な家庭生活でした。国文学者の石崎（一九九一）はこの作品を、「全編に亘り、漱石の知性あふれる人間観・社会観が反映しているが、大まじめな結婚不可能論や女性不幸論を始めとする諷刺や諧謔が随所に見られ、その頃の作者の鬱屈した心情の解放がうかがえる。猫の生態観察、江戸っ子特有の駄洒落や軽妙なユーモア精神などは、この作品の時代を越えた得難い美質として大いに楽しめるところである」と、評しています。

漱石は、いったんは、旧弊な儒教的文化圏から飛び出し、はるか遠い西欧文明の先端にまで雄飛しながら、その過剰な観念的世界からの離脱を余儀なくされたのです。ふたたび、母語の「江戸弁」の世界に戻ることによって、心の安寧を取り戻そうとしたのでしょう。その意味では、現代のような心理臨床家が存在しない明治の時代における「自己カウンセリング」の最初の試みだったといえるかもしれません。さらに、漱石が主な作品の舞台を日常的な家庭生活に設定したことは、現代の家族心理学の観点からすれば、危機に立つ家族関係を「外在化」する効果があったと考えられます。その効果は、新聞小説の愛読者にも同様に感じられていたものと推測されます。

当時の人々の関心事であった日清あるいは日露の戦争にかかわるような報道は、もっぱら新聞が担っていました。それだけに、戦況報道によって触発された不安や期待は、同じ新聞に連載される漱石作品で進行していく家族の物語と連動し、読者自身の家族体験とも共鳴する部分が多かったのではないでしょうか。他人事ではなく、自分の家族でも同じようなことがあり得ると、容易に想像できたのではないでしょうか。一世紀を経た今日でも、夫婦や親子の基本的な情動の交流に、実はさほどのちがいはないのかもしれません。この仮説を拠り所として漱石と家族の人生物語をたどり、現代を生きるわれわれ日本人家族の心の深部に迫る旅に出発します。

一章 人生の明暗

「七五三」の五歳の祝いの記念写真

漱石の人生は暗く始まり、いくつかの光芒を放ちながらも、その都度、自らの心の闇に吸い込まれる体験を繰り返していきます。人生の明るい部分と暗い部分の繰り返しが、「フーガ」のようにいつ果てることもなく続くかのようです。あるいは、「明暗双々」という禅語に集約されるような人生だったのかもしれません。明治維新直後の東京で、「金ちゃん」と呼ばれていた少年は、後の世で自分が日本を代表する国民作家と呼ばれるようになるとは夢にも思っていなかったはずです。その少年の本名は、塩原金之助でした。そこには、文豪夏目漱石のかけらもなかったのです。

一、誕生からの苦難

江戸時代の幕末に生まれる

今を遡ること一四四年前の慶応三年に、江戸牛込馬場下横町（現在、新宿区喜久井町）で夏目漱石は生まれました。彼は、父小兵衛直克と母千枝の五男三女の末子で、本名は金之助です。誕生日が庚申《かのえさる》の日で、生まれた時刻が申《さる》の時刻だったため、将来悪くすると大泥棒になる恐れがあるという迷信から、またその難を避けるには「金」の字か、「金偏」のつく字がいいと言い伝えられたところから、「金之助」と名づけられたそうです。

父は五〇歳、母は四一歳で、当時の平均寿命からすれば祖母に相当する高齢での出産でした。母は先妻が二人の娘をのこして死んだあと、後妻になった人でした。夏目家は江戸町奉行支配下の町方名主で、神楽坂から高田馬場まで一一カ町を支配していたそうです。母は四谷の質商の娘で、長く御殿奉公を勤めたために婚期を逸し、いちど質商に嫁いだものの離婚し、その後直克の後添えとなったのでした。

漱石は生後まもなく、高齢出産の母親の母乳の出が悪いことなどを理由に、四谷にあった古道具に里子に出されました。実際は、明治維新で収入の道を閉ざされた父親にとっての「望まざる子ども」だったことが、ことの真相のようです（竹長、一九九二）。店先の古道具と一緒に籠に入れられた赤ん坊の金之助（漱石）を、通りがかりに見つけた腹違いの姉佐和によって、いったんは実家に連れ戻されます。しかし、夏目家の余計者でしかなかった漱石は、再び養子に出されました。養父は四谷の名主塩原昌之助でした。養子となった漱石の本名は、ある込み入ったいきさつの後、二一歳で夏目家に復籍するまで「塩原金之助」のままでした。幼い頃は、周囲の人からは「金ちゃん」と呼ばれていたそうです。

当時の日本社会の状況からすれば、生活に困窮する親が子どものもらい手があれば、他家に養子に出すことは珍しいことではなかったようです。しかし、現代の発達心理学や臨床心理学、あるいは家族心理学の視点で見れば、幼い漱石が抱えたであろう何らかの「心的外傷」を想定せざるを得ません。さらに踏み込めば、児童虐待の「ネグレクト」という判定さえ当てはまるかもしれないと考えてしまう状況です。

ダブルバインド（二重拘束）の子ども時代

幼い漱石にとって、養父母の深刻な不和が苦痛の種となっていたことは、容易に想像できます。小学三年生の頃に養父母が数回の別居を経て、やがて離婚に至る以前から、漱石は早くも養父母との間で、現代の家族心理学の用語を使えば、家族内の「病理的コミュニケーション」ともいえるような経験をしていました。その実状については、当事者たる漱石しか語り得ないことは明白です。唯一の自伝的作品とされる『道草』の四一回で、実際に体験したであろう養父母とのやり取りが、主人公の健三を漱石の分身とする形で克明に写生されています。


しかし夫婦の心の奥には健三（筆者注：漱石の分身）に対する一種の不安が常に潜んでいた。

彼らが長火鉢《ながひばち》の前で差向いに坐《すわ》り合う夜寒《よさむ》の宵などには、健三によくこんな質問を掛けた。

「御前の御父《おと》ッさんは誰だい」

健三は島田（筆者注：養父の分身）の方を向いて彼を指した。

「じゃ御前の御母《おっか》さんは」

健三はまた御常（筆者注：養母の分身）の顔を見て彼女を指さした。

これで自分たちの要求を一応満足させると、今度は同じような事を外の形で訊《き》いた。

「じゃ御前の本当の御父さんと御母さんは」

健三は厭々《いやいや》ながら同じ答を繰り返すより外に仕方がなかった。しかしそれが何故《なぜ》だか彼らを喜こばした。彼らは顔を見合せて笑った。

（中略）

夫婦は全力を尽して健三を彼らの専有物にしようと力《つと》めた。また事実上健三は彼らの専有物に相違なかった。従って彼らから大事にされるのは、つまり彼らのために彼の自由を奪われるのと同じ結果に陥った。彼らには既に身体《からだ》の束縛があった。しかしそれよりもなお恐ろしい心の束縛が、何も解らない彼の胸に、ぼんやりした不満足の影を投げた。夫婦は何かに付けて彼らの恩恵を健三に意識させようとした。それで或時は「御父ッさんが」という声を大きくした。或時はまた「御母さんが」という言葉に力を入れた。御父ッさんと御母さんを離れたただの菓子を食ったり、ただの着物を着たりする事は、自然健三には禁じられていた。

（『道草』四十一）

この場面での漱石の年齢は定かではありませんが、前後の文脈や文献資料等から判断すると、就学前の四〜五歳の幼児期であったことは確かなことのようです。上述の地の文章のなかで、漱石は「恐ろしい心の束縛」という表現を使っていますが、それは家族心理学の用語では「ダブルバインド」（二重拘束）の状況に相当すると考えられます。ダブルバインドとは、漱石没後から四〇年近く経った一九五〇年代に、アメリカの西海岸で統合失調症者とその家族のコミュニケーションを実証的に研究したグループによって提案された仮説です。

この研究グループのリーダーは、文化人類学者のG・ベイトソンでした。G・ベイトソンらは、統合失調症のような精神病の発症の仕組みと家族内でのコミュニケーションに何かしらの関連があるのではないかという仮説を立てました。彼らは、カリフォルニアの在郷軍人病院に入院している精神病患者が治療によって症状が安定した後に、家族との面会中に病状が悪化する、あるいは退院してまもなく再発する事例が多いことに気づき、組織的な観察や撮影を重ねたのです。

それらの実証に基づいた研究成果として、G・ベイトソン・グループの「ダブルバインド仮説」は一九五六年に公表されました。この概念は、コミュニケーション研究、精神医療、心理臨床などの専門分野のみならず、文学や芸術、あるいはジャーナリズム一般にまで、ジャンルを越えた広範な領域に強い影響を与えたのです。その波はわが国にも及び、漱石研究者のなかにも、二重束縛状況（ダブルバインド）という用語を使って、漱石の親子関係を病跡学的な立場から解説した例がみられます（塚本、一九九四）。現在では、ダブルバインド状況が精神病を発症させるといった、安直で直線的な認識論に基づく病因論は否定されています。とはいえ、幼児期に親との間で日常的に交わされた特異なコミュニケーションに伴って生じた情動の記憶が、漱石の例で明らかなように、四〇年の年月を経てもなお消えることなく、心の奥底に残っている事実を否定することはできません。

養父母の不和

さらに深刻な家庭の状況が、小学生だった漱石の身に降りかかってきます。養父が武家の未亡人だった女性と不倫関係になり、そのため養父母の間でいさかいが絶えなくなったのです。毎晩のように、養母が養父の不実をなじり、養父がそれに逆襲し、さらに養母の応酬が続く修羅場が繰り返されたのです。床についていた漱石の耳に聞こえた養父母の争う声が、幼い漱石の心をかき乱さないはずはありません。養父母の不和は数年続き、現代ではＤＶとみなされる状況にまで陥った養母は、漱石をつれて夏目家に避難したこともあったようです。しかし、夫婦関係が最悪の状態に陥っても、養父は跡取りとしての漱石を手放そうとしなかったのです。そのために、漱石は養家に連れ戻され、養母と入れ替わりに同居を始めた浮気相手の女性とその連れ子の娘と一緒に、暮らす境遇におかれました。

結局、養父母は離婚することになり、行き場を失った漱石はやむなく実家の夏目家に引き取られることになります。それでも、養父は漱石の養育費を負担したことを盾に漱石の復籍に同意しなかったために、塩原姓のまま夏目家で暮らさざるを得なかったのです。漱石が二一歳で夏目家に復籍し、「夏目金之助」という本名を名乗れるようになったのは、養父の請求してきた多額の養育費を支払うことで、ようやく実現できたのです。

つまり、文豪漱石は幸運の星の下どころか、江戸から明治という時代の急変期の真っ只中、しかも迷信とはいえ、不運な星回りとされる年の、しかも不運な時刻に誕生したことに象徴されるように、人生のスタートそのものが苦難とともにあったのです。実の親から、さらに養子先の親からも見捨てられた漱石が、その幼い心にどのような痛手を負ったのかはつまびらかではありません。幸い、ほぼ百年近い漱石研究の膨大な積み重ねを土台として、その間に収拾され、細部にわたって検証されてきたさまざまな文献や資料から、その痕跡をたどる条件が整ってきました。さらに、これまでの文芸評論や病跡学とは異なる、新たな家族心理学の視点をもち込むことによって、漱石とその家族が織りなす複雑な「こころ模様」を浮かび上がらせることもできるかもしれません。先に引用した『道草』の四一回は、以下の文章で締めくくられています。

自分たちの親切を、無理にも子供の胸に外部から叩《たた》き込もうとする彼らの努力は、かえって反対の結果をその子供の上に引き起した。健三は蒼蠅《うるさ》がった。

「なんでそんなに世話を焼くのだろう」

「御父ッさんが」とか「御母さんが」とかが出るたびに、健三は己《おの》れ独りの自由を欲しがった。自分の買ってもらう玩具《おもちゃ》を喜んだり、錦絵《にしきえ》を飽かず眺めたりする彼は、かえってそれらを買ってくれる人を嬉《うれ》しがらなくなった。少なくとも両《ふた》つのものを綺麗《きれい》に切り離して、純粋な楽みに耽《ふけ》りたかった。

夫婦は健三を可愛《かあい》がっていた。けれどもその愛情のうちには変な報酬が予期されていた。金の力で美くしい女を囲っている人が、その女の好きなものを、いうがままに買ってくれるのと同じように、彼らは自分たちの愛情そのものの発現を目的として行動する事が出来ずに、ただ健三の歓心を得《う》るために親切を見せなければならなかった。そうして彼らは自然のために彼らの不純を罰せられた。しかも自から知らなかった。

（『道草』四十一／傍点は引用者）

このような文章は、感性が鋭く、情動体験の記憶を長く保持できる当事者にして、はじめて作り出せるといえるでしょう。子どもの立場からだけでなく、親の心情や視点に立たなければ、けっして生み出すことができないような表現も含まれています。さらに、注目すべきは、この文章の末尾にさりげなく記された「しかも自から知らなかった」という箇所です。家族心理学の観点からすれば、この記述は、家族システム内で執行責任を負う下位システムとしての養父母が、自らの養育行動が子どもに与えた心理的影響について「無自覚」であったことを、鋭く指摘しています。

幼児期に辛い思いをした子どもが、長じて親の矛盾した養育行動の無意識部分を対象化し、さらにそれを平易な日本語に置き換えるという連綿たる心の作業の痕跡が、ここには示されています。人生の始まりと終わりを架け渡す、文字通りの「ライフワーク」です。それを可能にしたのは、漱石が小学生の頃から最晩年に至るまで多くの漢籍や欧米の原典を読破して習得した驚異的な「思考力」だったと考えられます。

江戸文化の終末期に生れ落ちた漱石の情緒纏綿《じょうちょてんめん》たる心のうちに、欧米からもたらされた概念化や抽象化に長けた論理的な思考力を注入することによって、漱石は独自に「和洋融合の思考スタイル」を身につけたともいえます。大和言葉を基盤とする日本語のみの思考様式に執着していたのでは、おそらく『道草』の前述部分に記されたような透徹した認識や表現は生み出されなかったことでしょう。また、それは養父母の不和に巻き込まれて負った深い心の痛手を癒すために、一人の日本人があらん限りの知力を振り絞り、一生を賭けて取り組んだ哲学的難題（アポリア）でもあったのです。

性格の形成

現代の見方によれば病理的ともとれる親子間のコミュニケーションが、幼い漱石の性格形成におよそ好ましい影響を与えたとは考えられません。事実、漱石が『道草』の主人公の健三に託して語った性格は、「強情」の二文字で表現されています。四二回には、その性格特徴が生き生きと描かれています。

彼の我儘《わがまま》は日増《ひまし》に募った。自分の好きなものが手に入《い》らないと、往来でも道端でも構わずに、すぐ其所《そこ》へ坐《すわ》り込んで動かなかった。ある時は小僧の脊中《せなか》から彼の髪の毛を力に任せて挘《むし》り取った。ある時は神社に放し飼の鳩《はと》をどうしても宅《うち》へ持って帰るのだと主張してやまなかった。養父母の寵《ちょう》を欲しいままに専有し得《う》る狭い世界の中《うち》に起きたり寐《ね》たりする事より外に何にも知らない彼には、凡《すべ》ての他人が、ただ自分の命令を聞くために生きているように見えた。彼はいえば通るとばかり考えるようになった。

（『道草』四十二）

ここに写生されたわがままな健三の性格は、漱石自身のものであると同時に、そのような行動傾向を助長した養父母の子育ての「結果」でもあります。現代であれば、養父母の「過保護」な養育態度は非難の対象になるはずです。ただし、打算が働いていたとはいえ、養父母が漱石に「親」としての愛情を注ごうとしたことも無視できません。現代の発達心理学で重視される「愛着形成」の視点で見れば、幼い子どもの心身の発達にとって不可欠な親役割を、養父母が部分的に果たしていたとみる方が公平でしょう。なにしろ、実の両親には、子ども時代の漱石を養育することはできず、養父母に委ねる外に手段はなかったのですから。

不足部分のツケを、漱石は自身の性格の偏りとして引き受け、それと格闘するように運命付けられていたのかもしれません。その心中で燃え盛る「負のエネルギー」は、漱石の思考力の原動力にもなったようです。臨床心理学の視点からすれば、劣等コンプレックスは優越コンプレックスと裏表で存在し、適切な思考力がそこに加わることによって、人間的な成長や卓越した業績が達成できると考えられています。漱石の場合も、逆境をバネとして、自らの存在価値を見出すための苦闘を続けたと理解することができるのではないでしょうか。

その結果、漱石の性格は単純ではなくなり、むしろ複雑で多面的な特徴をもつようになったと考えられます。性格の偏りに注目すれば、ある面では「病的」ともいえる特徴が浮かび上がるために、これまでにも病跡学的研究の格好の対象となってきました。いまだに確たる結論が出ていないのは、その複雑な性格特徴そのものに要因があると考える以外にないのではないでしょうか。つまり、漱石の性格は、他に類を見ないものであり、「オンリーワンの性格類型」だと理解すべきかもしれません。特異な生い立ちと生育環境に加え、漱石自身が独自の思考力を培ったことにより、その尋常ならざる性格は形成されたのです。

まさに、「個性」そのものといえるでしょう。

心の支え

のちに文豪、あるいは国民作家と呼ばれるようになった漱石を知る現代のわれわれにとって、「不遇な幼少期の家庭環境という逆境こそが、彼を鍛えた」と理解することは、むしろたやすいことです。しかし、幼児期の漱石にとっては、そのような名声が待ち受けていることなど知りようもありません。ひたすら心細い思いを抱き続けていたはずです。現代では使われなくなっている病名ですが、「神経衰弱」という表現は、漱石が心のなかで抱えた苦悩を表現する言葉としては最適かもしれません。さらに砕《くだ》けた表現にすれば、「神経が磨り減った状態」とでもいえばよいでしょうか。

では、幼い日の漱石（金之助）は、何を心の支えとしていたのでしょうか。金之助は養父母とともに、幼少時代の数年間を明治維新直後で、江戸の文化が濃厚に残っていた浅草で暮らしました。塩原夫婦は、金之助を甘やかし、欲しがるものは何でも買い与え、芝居や寄席にもよく連れて行ったそうです（水川、一九八六）。『道草』の一五回には、島田（塩原）から洋服や帽子をそろえてもらった健三（金之助）が、寄席へ連れて行かれたことが描かれています。

彼の帽子もその頃の彼には珍らしかった。浅い鍋底《なべぞこ》のような形をしたフェルトをすぽりと坊主頭へ頭巾《ずきん》のように被《かぶ》るのが、彼に大した満足を与えた。例の如くその人に手を引かれて、寄席《よせ》へ手品を見に行った時、手品師が彼の帽子を借りて、大事な黒羅紗の山の裏から表へ指を突き通して見せたので、彼は驚きながら心配そうに、再びわが手に帰った帽子を、何遍か撫《な》でまわして見た事もあった。

（『道草』十五）

したがって、寄席に対する金之助の興味は、この浅草時代に、芽生えたことがわかります。金之助は、この時代に、浅草で評判を取っていた多くの大道芸にも接しています。たとえば、そのうちの一人の長井兵助は、浅草蔵前に住み、三～四尺の大刀を使って居合い抜きをして人を集め、歯抜きや歯磨き売りをしていたそうです。漱石の俳句にも、大道芸をみつめていた幼児期の記憶が再現されています。彼が、この大道芸を春ののどかな風景として楽しんだことがしのばれます。

春風や永井兵助の人だかり
居合い抜けば燕ひらりと身をかわす
抜くは長井兵助の太刀春の風

豆蔵という大道芸人は、手品・曲芸と滑稽なおしゃべりで客を楽しませ、それで生計を立てていたそうです。漱石は晩年まで手品に対して関心をもち続けていましたが、そのきっかけとなった情動体験は、養家のあった浅草の大道で幼い日に見た手品や曲芸だったのです。

小学生になると、独りで日本橋の伊勢本という寄席へ軍談講釈を聴きに行くようになります。その懐かしい思い出を、彼は後年『硝子戸の中』で、しみじみとした筆致で語っています。その内容から、養父につれて行かれた幼児期の受身の体験と異なり、自ら求めて足しげく通ったことがわかります。この頃には、すでに養父の不倫に起因する養父母間の不和は表面化していました。そのような家族関係の悪化を考慮すれば、彼が寄席という非現実的な空間が提供する「物語世界」に没頭し、押し寄せる不安の波から逃れようとしたことは、充分に納得できます。

ただし、この寄席通いが幼い漱石の心を支えた理由は、物語世界への逃避行という消極的な側面だけではなかったのです。当時の軍談定席では、短冊形の盆の内に菓子を入れて客の間々に出して置き、客が自由に取るに任せていたそうです。菓子一個の値段は、八文だったのですが、誰ひとり代価をごまかす者はありませんでした。講釈場の道徳を守る美風が保たれていたことに、漱石はなぜか強くひきつけられたのです。幼いながら、漱石は人と人との間に保たれるべき正義や倫理が生み出す「秩序」の美しさに、心のどこかで魅せられていたのではないでしょうか。養父母がかもし出す疑心暗鬼や憎悪の感情が充満した家庭とは裏腹な心理空間を、自らのあるべき居場所として確保しておきたかったにちがいありません。その意味では、寄席の空間は幼い漱石にとっての、「心の避難所」であったばかりでなく、後年の「自己本位」の心境につながる自我発達の中核となる美意識の「芽」や学問への「志」を育む揺りかごとなっていたとも考えられます。

二、思春期の頃

親を求めて

漱石は、養父母から、「御前の本当の御母さん（実母）は、私だよ」、「御前の本当の御父さん（実父）は、私だよ」と繰り返し教え込まれたにもかかわらず、結局のところ、その「実父」から、つづいて「実母」からも捨てられることになります。しかし、九歳で養子先から連れ戻された実家である夏目家のお手伝いさんから、「貴君《あなた》が御爺さん御婆さんだと思っていらっしゃる方は、本当はあなたの御父《おとつ》さんと御母《おつか》さんなのですよ。先刻《さつき》ね、大方《おおかた》そのせいであんなにこっちの宅《うち》が好《すき》なんだろう、妙なものだな、といって二人で話していらっしゃったのを私が聞いたから、そっと貴君に教えて上げるんですよ。誰にも話しちゃいけませんよ。よござんすか」（『硝子戸の中』二十九）と告げられます。

この重大な秘密を知らされた時の体験を、漱石はつぎのように記しています。

私はその時ただ「誰にもいわないよ」といったぎりだったが、心の中《うち》では大変嬉しかった。そうしてその嬉しさは事実を教えてくれたからの嬉しさではなくって、単に下女が私に親切だったからの嬉しさであった。不思議にも私はそれほど嬉しく思った下女の名も顔もまるで忘れてしまった。覚えているのはただその人の親切だけである。

（『硝子戸の中』二十九）

漱石がこの文章を書いたのは、亡くなる前の年のことであり、すでに四〇年近い過去の出来事であることを考えれば、記憶があいまいなこともうなずけます。私が重視したいのは、漱石が出生の事実そのものを知ることができたことではなく、むしろ他人から「親切」を受けたことを大切に思い、心のなかにとどめおいたことを強調している点です。思春期に入りつつあった漱石が心のなかで求めていたのは、自分に親切にしてくれる他者との偶然の出会い（幸運）だったのでしょう。私の憶測ですが、漱石は「僕を夏目の家に置き去りにした親は、本当の御母さんと御父さんじゃなかったのだろうか。だったら、僕の本当の親は誰なのか知りたい」と密かに思っていたかもしれません。その願いをかなえてくれた身内でもない他人から受けた「親切」は、彼が一生忘れなかったほどに「うれしいこと」だったのです。親でも兄弟でもない他人が自分の心のなかの思いをくみとり、向こうから答えてくれるような「幸運」があることを知り得たことは、さまざまな悪条件にみまわれた思春期段階の漱石にとって、生きる「希望」に繋がったと思われます。

考えてみると、現代の家族療法家の役割は、このお手伝いさんが素人ながら直感的に果たした「黒子的な役回り」に似ているところがあります。まず黒子としてのお手伝いさんは、養子先から戻ってきた「坊ちゃん」（漱石）が実家を好いていることを、ご主人と奥さんがうわさしているのを、偶然に耳にする場面があります。そこで、このお手伝いさんは、親切心を起こして「坊ちゃん」に、それまで爺・婆と思い込んでいた（あるいは、周囲が思い込ませていた）二人が、実は本当の両親であることを知らせます。同時に、このお手伝いさんは、それを口外しないように、坊ちゃんに命じます。情報源としての自らの存在を消し、黒子に徹しようとしたお手伝いさんのこの判断は、実に賢明だったといえます。事実、その瞬間に漱石の心のなかに生じた、「世の中には親切な人もいる」という肯定的体験の情動記憶は、終生消えることがなかったからです。

漱石自身が名前も顔も覚えていない下女（当時の言葉）は、謎解きのメッセージだけでなく、その根拠となる事実を告げ、さらには誰にも口外しないように禁止しています。実際、倫理的な潔癖感の強い漱石は、秘密を守り通した挙句に、恩ある人の名前も顔も忘れてしまったのです。ほぼ四〇年後の漱石の回想に記された内容を判断材料とすれば、夏目家の秘密を明かす危険を冒した下女は、漱石に口封じを命じることによって、「黒子」としての役回りに徹し、同時に雇われ人としての身を守ることができたのです。

家族心理学から見ると、思春期を迎えつつあった漱石にとって、下女と二人だけの秘密を守ることは、両親との間で「世代間境界」を確立する第一歩となることを意味します。これまでの心理学用語で言えば、親子間の分離個体化、自立、あるいは親離れと子離れの課題として扱われてきた事柄です。二者関係、とくに母子関係の心理的分離の枠組みに限定せず、むしろ親世代と子世代の間の心理的な境界設定に関わる問題として見直す意味は、いったいどこにあるのでしょうか。なぜなら、それは家族心理学が重視する家族関係の主要な発達課題だからです。

より具体的に説明するために、漱石の回想文のなかの場面に戻ります。まず、実父母の二人と、子どもの漱石と下女の二人の合計四人の登場人物に光を当てます。実父母はいうまでもなく同じ親世代であり、この時点では、わが子である漱石の出生についての秘密を共有しています。一方、実家に戻されたばかりの子どもだった漱石には、家のなかにとくに秘密を共有できるような同世代の相棒はいませんでした。下女は、自分が仕える主人夫婦と出戻ってきた坊ちゃん（漱石）の双方を中立的に見る立場にいました。現代であれば、テレビドラマの「家政婦は見た」でおなじみの場面といったところでしょうか。

この下女の黒子的な采配によって、漱石は実父母と一定の距離（下女との間で交わした秘密の約束を守ることによって維持されるもの）を置きつつも、自分が戻ってきたのはまちがいなく「実家」なのだという安心感を抱くことができたのです。同時に、実父母の立場に立てば、出戻ってきた末っ子を、三度も他家に送り出すことはできなかったのでしょう。したがって、家族療法的に見れば、この下女が表に出ない形で仲介役を取り、親子二世代の間に適度な「境界線」を設定できたといえます。下女が「準家族」として家族関係に巻き込まれることなく、あくまでも境界的存在、あるいは触媒的な役割に留まったからこそ、この即興的な介入効果を安定的に維持できたのかもしれません。

読書好きの子

漱石は実家に戻り、一緒に暮らすようになった両親が「本当の親」であることを知ることで、再び家から出される心配が減ったとはいえ、父親から疎まれ、露骨に厄介者扱いされる状況は続きました。そのような厳しい家庭環境が背景にあったからでしょうか、漱石は、高校生の頃、御茶ノ水近くの湯島聖堂に通い、そこの図書室で江戸時代の学者である荻生徂徠の書を、意味もわからずむやみに筆写したことがあったそうです。しかも、その記憶が回想されたきっかけは、有名な「修善寺の大患」後に書いた『思い出す事など』を執筆中の出来事だったのです。四三歳の漱石は逗留中の修善寺で三〇分間の臨死状態からかろうじて生還し、まだ筆を持つのもやっとという状態のなかで、自主的なリハビリとして写本を始めます。知人から見舞いに送られた中国の書物『列仙伝』の挿絵を眺めるうちに、巻末の付録に関心をもちます。そこに列挙された長寿法や養生訓を記した漢文を、意味も解らないまま、日記帳にそのまま写し取ったのです。

漱石は、「インキの切れた万年筆の端をつまんで、ペン先へ墨の通うように一、二度ふるのがとても苦痛だった」、と打ち明けています。さらに、「実際健康な人が片手で樫の六尺棒を振り回すよりも辛いくらいであった」と、読者にも具体的に想像できるような巧みな表現を用いています。ではなぜ、このような無理をしてまで筆写したのでしょうか。その時の心境を評して、彼は「それほど衰弱の激しい時にですら、わざわざとこんな道経めいた文句を写す余裕が心にあったのは、今から考えても真に愉快である」と、記しています。私は、この逆説的な文章に目を惹かれました。

漱石の説明では、瀕死の状態からよみがえってまだ間もない自分が身体的に辛い作業に進んで取り組んだのは、心に余裕があったからだそうです。さらにおもしろいのは、それを「真に愉快な体験」として回想している点です。なぜ、愉快なのでしょうか。その謎を解く鍵が、湯島聖堂での写本体験にあることを、漱石自身が打ち明けています。

徂徠の書をむやみに写し取った昔を、生涯にただ一度繰り返し得たような心持が起こって来る。昔の余の所作が単に写すという以外には全く無意味であった如く、病後の余の所作もまたほとんど同様に無意味である。そうしてその無意味な所に、余は一種の価値を見出して喜んでいる。長生きのための『列仙伝』が、長生きもしかねまじきほど悠長な心の下に、病後の余からかく気楽に取り扱われたのは、余に取って全くの偶然であり、また再び来たるまじき奇縁である。

（『思い出す事など』六）

この二つの体験の間には、三〇年近くの年月の隔たりがあります。しかし、文脈の全く異なる二つの体験を漱石が結びつけたところに、彼が逆境におかれても絶望せず、なお生きることに意味を見出そうとした「心の工夫」が潜んでいるように思います。つまり、筆写することそのものには現実面での意味はなくとも、高名な学者の書や本を一心に写し取る作業から新たな「価値」を発見することができたのです。賢人の知恵の結晶である書をただ眺めるのではなく、自分の目と腕を動かし、身体の記憶として内部に取り込むことが、どれほど自分を勇気づけるか、漱石は子どもながらに体得したのです。さらに、無意味と見える行為が、取り組み方によっては意味のある行為に転換する、この逆説的状況を漱石は「愉快」と感じ、死にかけ萎えていた心に余裕を取り戻すことができたのではないでしょうか。

余も当時はある新聞から死んだと書かれたそうである。それでも実は死なずにいた。そうして『列仙伝』を読んで子供の時の無邪気な努力を繰り返し得るほどに生き延びた。それだけでも弱い余にとっては非常な幸福である。

（『思い出す事など』六）

ここで漱石は、「子供の時の無邪気な努力」という簡潔なフレーズを用いて、自我が芽生え始めた段階の自分を相対化して表現し、それを肯定しています。つまり、まだ少年であったにもかかわらず、安定した家庭環境にめぐまれなかった漱石にとって、書や書物を読み、そして筆写することは生き抜く術であり、そして自尊感情の原点ともなっていたのです。だからこそ、「頑固さ」を意味する「漱石」という筆名をひっさげ、紆余曲折を経た齢四〇歳にしてようやく作家デビューできたのでしょう。そのように考えると、「子供の時の無邪気な努力」といえども捨てたものではなく、むしろ、そこにこそ「生きる知恵」が芽生えていたと理解すべきかもしれません。文末の「弱い余にとっては非常な幸福である」という台詞は、実に印象深い言葉です。

不登校体験

「不登校」はまぎれもなく現代用語であり、明治の時代にはなかった言葉です。今の高校生の年齢だった漱石が約一年半の間、不登校、ないし、少し古い表現ですが「登校拒否」の状態にあったことを取り上げた論説が、最近発表されています（三浦、二〇〇八）。本を読むことが好きで、知的な理解力にも優れていた漱石が、本当に「不登校」だったのでしょうか。にわかに信じがたいと思われる読者も少なくないことでしょう。詳しく調べてみると、たしかに中学生から高校生の頃に、漱石は学校に行っていなかった時期があるのです。現在の中学二年生に当たる一三歳の時に、漱石は実母を亡くし、その後中学を中退しています。すぐに二松学舎という漢学を教える学校に入りますが、それも一年ほどで止めています。西欧文明への開化が急がれる時代に学問で身を立てるために、やむなくそれまで学んでいた漢学を捨て、実はあまり好きではなかった英語を学ぶために成立学舎に入学します。この一五歳から一六歳までの一年半の間、漱石は学問への強い志をもちながら、まぎれもなく「不登校」の状態にあったのです。

この不登校時代に漱石がどのような生活を送っていたのかを知る手がかりが、一八八九年に書かれた漢文の紀行文『木屑録《ぼくせつろく》』に記されています。「唐や宋の名文を暗誦し、文章を作ることに熱中するうちに、自分も文章で身を立てようと思った。そして自分でも文章を作るようになったが、数年たって読み返すと、すべて見るに耐えないものであった。原稿はみな焼き捨て破り捨てたが、自分の思い上がりに恥じ入り、長いあいだ気が抜けてしまった」、といった内容です。自信喪失、あるいはうつ的な心理状態が示されていて、現代の不登校生の心理と類似した心境が綴られています。漱石は、まだ小学生だった一一歳の時に、友人らとの回覧雑誌に、漢文調の『正成論』を書いていることからも分かるように、実際には相当な文章力をすでに物にしていたと推測されます。しかし、時代は文明開化、そして欧化政策の真っ只中にあり、漢学の素養だけで生きてはいけないことを思い知らされることも多かったのでしょう。若い漱石は、時代の激流とともに、迷いの森に踏み込んでいったのです。

漱石が不登校状態に陥った要因としては、実母を亡くしたことを軽視することはできません。実家に戻って、わずか四年しか実母と一緒に暮らすことができなかったことに加え、実父は相変わらず漱石に愛情を見せることをしなかったからです。漱石は一人で生き抜く術をみつける以外になかったのです。唯一の拠り所としようとしていた漢学の素養や文章力のいずれも、現実の用に立たないと自覚した少年の失意の深さは、想像に難くありません。結局、一年半もの「道草」を食ったのちに、ようやく成立学舎に入り大学入学のための勉学にいそしむことになります。

三、青春の光と影

家を出る決心

漱石は成立学舎で英語を本気で勉強するようになります。しかし、家では父は事業がうまくゆかずに機嫌が悪くひきこもりがちで、二人の兄は遊び歩く始末でした。そこで、思い切って家を出て、小石川の新福寺の二階で友人と自炊生活を始めたのです。その友人は英語や数学が得意で漱石も頼りにしたようです。彼らの部屋には、友人が良くやってくるようになります。今風の表現では、「鍋パーティー」を頻繁に開き、大いに盛り上がったようです。寺の門前におしるこ屋があり、漱石はほとんど毎日のようにおしるこを食べたことを、のちにある文章のなかで書いています。

一見すると、居心地の悪い家を出て、友人とのびのびした青春を謳歌したようにも見受けられます。

しかし、甘いおしるこの誘惑に勝てずに糖分を取りすぎ、あげくに盲腸炎にかかったと、自ら告白しています（後年の回想記では、おしるこ屋のおやじの巧みな呼び込みの犠牲になったのだと他人の所為にして、冗談交じりの言い訳をしていますが）。漱石は、この後も幾度となく胃腸病や糖尿病に苦しむ経験を重ねます。両親に十分に甘えることができなかった漱石が無意識のうちに「甘いもの」を口にすることは、自分の意志では止めようがなかったのかもしれません。

このおしるこのエピソードから分かることは、子どもが親からの愛情を十分に受けることができない家庭環境におかれた場合、子ども自身の努力によって克服できる面と、それだけでは補いきれない面があるということです。漱石の場合には、心身の健康面で大きなストレスを受け、とくに胃腸の障害に苦しむ素地になったことは見逃せません。家族内ストレスが子どもにもたらす負の影響は、成人病の遠因となり下手をすれば命取りになりかねないのです。なにしろ、ロンドン留学後に千駄木に居を構えていた頃には、お気に入りのジャムを舐めすぎて、医者から厳禁されたこともあったようです。

親との関係に悩む青年が家を出ることは、たとえ知的に優れた能力をもっていても、簡単にできることではなく、たとえ家を出たとしても、安楽な道が開けているとは限りません。心や身体のどこかに、ストレスを抱えて生きていかざるを得ないのです。漱石は一七歳で予備門に入学すると同時に、仲間一〇人で下宿生活を始めました。その友人の影響からか、彼はガリ勉を軽蔑するようになり、遊ぶことや体力を養うことに夢中になりました。その結果、成績は急降下し、腹膜炎にかかったこともあって、進級試験も受けられず、ついに落第してしまいました。その反省から、まじめに勉強するようになり、成績は急上昇して、ついに首席となり、以後は予科を卒業するまでずっと首席を通しました。

現代の不登校やひきこもりの問題を考える上で、青年期の漱石が思い通りにならない家族関係に心も身体もからめとられながら、必死で「学ぶこと」や「学問」の意味を求めて苦闘した心の軌跡は、とても参考になります。なぜなら、心理臨床家としての私が三〇歳代半ばで家族療法に出会い、その観点から日本の不登校の家族支援を三〇年間続けてきた実践体験から導き出した「経験則」と合致する部分がとても多いからです。

この日本特有ともみなされる問題は、これまで主に学校や教育制度の問題か、もしくは不登校生自身、あるいは母親の養育態度などの個人の資質の問題として対処されてきました。不登校対策の切り札としてはじめられた感の強い「スクールカウンセラー」の活動でも、主にそれらの観点が基盤に置かれていたといえます。しかし、いまだに約一二万人もの不登校の小中学生がいて、これに高校生や大学生を加えれば、もっと多くの日本の若者が不登校問題を抱え続けています。今後の有効な取り組みを模索するためにも、日本独自の家族療法に基づいた「家族まるごとの支援」を充実させることが必要と思われます。その際に、複雑な家族関係の縁にもがきながら、青年期の漱石がどのような葛藤を経て、「実家」から距離をとれるようになったかについて知ることは有益です。

集団生活の体験

大学入学前の時期に、漱石は友人と本所の江東義塾で教師のアルバイトを経験しています。そのアルバイト料は月給で五円（現在の約五万円に相当）だったそうです。友人の分と合わせて机の上に置き、そこから予備門の授業料、風呂代や塾の寄宿費などを支払ったようです。そして、この共同財産がなくなると、二人とも冬眠する熊のように寄宿舎に閉じこもったのです（竹長、一九九二）。

他の友人も加え、夏休みに七人で江の島まで徒歩で遊びに出かけ、夜は砂浜で持参した毛布にくるまって野宿するような冒険の旅を楽しむこともあったようです。江の島までは五〇キロを超す距離があるので、これを徒歩で往復する体力を身につけるまでに逞しくなっていたことが分かります。自らの決断によって家を出て、友人と生活の苦楽をともにした経験は、漱石を不登校心理から脱却させ、代わりに友人とともに身体を動かすことの楽しさを植え込んだようです。家庭をもってからも漱石は散歩を楽しみの一つとしていましたが、その源は、若き日の友との「かち歩き」にあったのかもしれません。

漱石の次男の夏目伸六氏によれば、青年時代の漱石はスポーツ好きで周囲に知られていたそうで、進んでボートレースに出たり、水泳が得意で、器械体操や弓道も熱心にやっていたようです（夏目、一九六二）。野球や相撲を見物することも好きだったことを考え合わせると、青年時代の漱石は胃弱に悩む後年の作家のイメージとは相当に異なり、むしろ「体育会系」の雰囲気を漂わせていたことは、興味深いことです。また、予備門当時の成績表では、代数が七八点、幾何が八五点で、体操は七八点であったのに対し、和漢文は五九点の最低点だったことから判断すれば、およそ文学青年のイメージから遠かったといえます。

大学予備門の本科に進み、いよいよ二年後の大学入学をめざす段階になって、漱石は進路に迷います。この点で日本は昔も今もあまり変わらないといえますが、彼は文科か工科（現在の文系・理系に相当）を選択することを迫られ、悩んだあげくに米山保三郎という友人に相談します。米山は哲学を志望していた男で、漱石の姓が塩原から夏目に戻ったことにも頓着しませんでした。他の友人と異なり、米山は「夏目にしたって、塩原にしたって、中身は同じだ」と、笑い飛ばしたのです。漱石は、この一風変わった考え方をする友人に進路の相談をもちかけました（竹長、一九九二）。

漱石は建築をやってみようと思うと打ち明けます。米山からその理由を聞かれて、「人のためになる職業で、暮らしに困ることがないうえに、夏目の父や兄貴にも喜んでもらえる職業だ」と答えました。米山は、「誰のためでもなく、君自身のためにやるのでなければおかしいだろう。君はいったい、何のために建築をやろうというのかね」と切り込んできました。漱石が、「僕の作品を、この世に残すためだ」と断言すると、米山から「なるほど、建築物を自分の作品として、死後も永遠に残そうというわけだな」と、意外な言葉が返ってきました。これは米山得意の知恵の産婆術だったのですが、そこには現代のカウンセリングで強調される受容・共感的態度の要素も含まれています。

しかし、この後で米山が示した言動は、通常のカウンセラーの面接法とは違って、指示的でした。


「君、日本でセント・ポール大寺院（筆者注：ロンドンにある英国教会の主教座聖堂）のような建物が作れると思うかね。」

「作りたいと思うが、今の日本では作れないだろう。」

「だったら、文学をやりたまえ。文学の方がまだ見込みがある。」

「文学？　文学か……」

「そうだ、文学だよ。建物は、いくらりっぱなものでも、大きな地震がくれば、たちまちくずれてしまう。それに比べて、りっぱな文学は、五十年、百年、いや千年でも平気だ。」

「そうか、文学か。」

「君の進む道は、ぜったいに文学だよ。」


（『若き日の漱石』41〜42頁）

米山にそうはげまされて、漱石は改めて、自分の進路が文学であることを知ったのです。それまで自分の気持ちを知ることができなかったのは、家族や周囲の者に対する気兼ねや気遣いがあったからだということにも、気づきました。このような友人との相談を経て、漱石は文学への志を固めていったのです。

後に文豪と言われる漱石についての予備知識をもつ現代のわれわれから見ると、この友人を相手にした進路相談が大きな転換点となったことが、すんなり理解できます。現代の進路相談やキャリア・カウンセリングの視点から見ても、この若き日のエピソードは、多くの示唆を含んでいます。また、家族心理学からすると、青年期に達した子どもが心理的・情緒的に親から離れ、自立した生活を維持できるようになることで、大学等の高等教育機関での学業達成や、卒業後の就職活動やキャリア形成が促進される実例とみることができます。

家族関係の発達という立場からすれば、子どもの側では「親離れ」であると同時に、親の側では「子離れ」の場面であることを視野に納める必要があります。表面的には青年期に達した子ども個人の自立の課題や病理とされてきたことも、裏面では親が子どもの自立によって不安定にならずにいられるか否かという、親自身の発達課題や病理が同時進行していることに気づく必要があります。母親のみならず、父親もこの課題から逃れることはできないのです。それは、青年期の子どもの巣立ちにより、いわゆる「空の巣」に残される両親が夫婦関係を再構築できるか否かの課題とも重なります。これらの多面的な家族関係の発達課題や危機を俯瞰的にとらえる立場が、家族心理学であると理解しても差し支えありません。

ここで、恥ずかしながら私自身の経験を紹介することにします。奇しくも、私は漱石が東大を辞職した年から九〇年後の一九九八年に、東京大学大学院教育学研究科教授に就任しました。二〇〇四年からの四年間は東京大学の学生相談所長として、またその後三年間は総長室に新設された「学生相談ネットワーク本部」の特任教授（企画室長）として、かつて東大生であった漱石の百十余年後の後輩たちの相談に直接かかわることになったのです。その経験からしても、進路選択や就職活動で大きな困難を抱え、場合によっては不登校やひきこもりに陥る学生のなかには、親との情緒的な結びつきが強すぎるか、あるいは逆になさすぎるために、自己決定ができない者が少なくありませんでした。

知的レベルでは問題のないはずの彼ら・彼女らに共通する特徴として、友人関係が乏しいことに気づかされました。これは、中高校生段階での不登校生とも共通することです。大学生になっても自立の問題を抱える場合には、これまでのような母親との心理的分離という側面のみならず、父親との親子関係の再編や夫婦関係の再構築といった背景要因も視野に入れた取り組みが迫られています。さらに、少子高齢化に伴う家族関係の構造変化により、同居・別居を問わず祖父母との関係が無視できなくなりつつあることも、指摘しておきたいことです。母方祖母と母親と学生の三世代トリオの強い情緒的結びつき（時に葛藤を含む）に比べ、父方祖父と父親と学生の三世代間の絆の弱さが実に対照的な事例は少なくありませんでした。

比喩的に表現すれば、祖母・母・子のタテ系列の血脈に縛られた三人組にとって、分離の課題は「タブー」となりやすく、子どもがその強力な引力圏から脱することは難しい場合が多いようです。とりわけ優等生の良い子にとって、この「三世代カプセル」から離脱することは、至難の業となりがちです。家庭内暴力でも起こさない限り、この心理的な密閉状態から抜け出て、同世代の仲間との集団生活を経験することは難しいと感じられるような事例もあります。したがって、すでに成人年齢に達している高等教育段階の学生や大学院生、さらには若手の研究者がこの種の密閉された家族状況におかれているような事例では、三世代の家族関係の改善を促す家族療法的アプローチが有効な場合が少なくないと想定されます。

心の友との出会い

漱石の話に戻すと、彼が大学に入学後に文学を志すようになった頃、運よく同じ文学の道を歩もうとする正岡子規に出会っています。子規は漱石や幸田露伴、そして尾崎紅葉と同じ慶応三年生まれです。日本の傑出した四人の文学者が、明治維新直前の同じ年に生を受けているのです。とりわけ、子規と漱石の友情はよく知られています。二人は予備門時代に共に落第を経験しています。二人が親密になったのは、お互いに落語が好きだということを発見したことがきっかけでした。その後の二人の間に交わされた情動の絆は、「愛」と呼べるほどの濃度を備えていたことが、多くの熱烈な書簡や多くの友人の証言、あるいは現代にも引き継がれている研究者による綿密な検証作業から明らかになっています。

漱石は親の愛に恵まれなかった代わりに、友人の愛には恵まれたといえるかもしれません。漱石自身も、逆境を生き抜くためにその愛を必要としていたに違いありません。そもそも二二歳だった二人を親しくさせた機縁は、子規の肺病の発症に伴う喀血だったのです。当時は、「死病」として恐れられていた肺の病を得た子規にとって、いち早く見舞いに来てくれた漱石は、単なる友人の閾《いき》を超えた「得がたい存在」と感じられたことでしょう。その後、二人は互いに漢詩や俳句を作っては、相手の批評を求め、影響を与え合っていきます。

その背景を考えてみると、二人には頼るべき「師」たる人物がいなかったことに気づかされます。つまり、死病に取り付かれた者と体操や散歩で健康を維持できている者との違いはあっても、ともに師と仰ぐ指導者をもたないことにおいては、同様の境遇にあったのです。現代の言葉で表現すれば、まさに二人は仲間で助け合う「ピアサポート」や、共通の目標に向かって協働する「コラボレーション」を重ねるしかなかったのです。病に冒された子規とって、漱石との協働はまさに命がけのものだったはずです。漱石は親の愛にも先生の愛にも恵まれませんでしたが、死の恐怖に直面した子規との出会いによって、友の愛を体験する幸運には恵まれたといえるかもしれません。健全な心の発達にとっては致命傷ともなりかねない家庭環境の要因が、先達の祖述に甘んじない、真の「オリジナリティ」や「独創性」を育む母胎となったとすれば、人の幸・不幸とは分からないものです。

同世代の子規が回復の見込みのない病と闘いながら俳句の革新に全精力を注ぐ姿に、漱石は触発されます。子規は早くから文学を志し、小説家になる夢をもっていました。しかし、自信作と思っていた作品を尊敬する幸田露伴に酷評され、自死を考えるほど思いつめていた時、偶然に大学の構内で漱石に出会います。そこで、子規は俳句の道に専念し、停滞していた俳句の刷新にかける胸の内を明かします。

その後、大学を中退した子規は、『日本』という新聞社に入社し、そこを根拠地として「新しい俳句」の運動を展開していったのです。子規が進路変更した一五年後に、漱石も東大を辞職して朝日新聞社に入社し、新聞小説作家になります。文学者としての二人のキャリア・パスを考えると、そこには深いつながりがあることに気づかされます。漱石と子規はまさに刎頸《ふんけい》の友であり、かけがえのない「心の友」だったのです。

家族の愛に恵まれなかった漱石が同世代の子規と二〇代半ばで出会い、強い友情によって互いを支え合う喜びを知り得たことは、家族心理学から見ても意義深いことです。青年期にあっては親子の心理的分離のために、適切な「世代間境界」が設定される必要があることについては、すでに指摘した通りです。その成立要件の一つに、子どもが同世代の連合関係、つまり、同世代の特定の人物との親しい関係をもてることが前提になってきます。なぜなら、親の心理的な引力圏から離脱した青年は、同世代の同じ人生周期を生きる運命を共有する友人との心の絆を結び、それを命綱として「自立した個人」としての心理的基盤を固めることができるからです。もしそれがなければ、糸の切れた凧のように、あてどなくさまようことにもなりかねません。

四、英語教師への道

英語力を武器とする

子規が大学を中退して俳句の世界に直行したのに対し、漱石は大学入学後、英語力の習得に努めました。大学に入学するために、一六歳の漱石は成立学舎で英語を学び始めますが、その時点での英語力は現在の中学二年生レベル以下でした。翌年には、高校一年生レベル以上となり、一九歳では、最難関大学入試合格レベル以上に達していました。これを現在の英検にあてはめてみると、英語の「読み」「書き」の分野では、漱石はわずか二年半の間に四級レベルから一級レベルに学力を向上させたことになります（川島、二〇〇〇）。

それでも、勉強不足によって全体の成績は振るわず落第してしまった漱石は、以後は発奮し、猛烈に勉強するようになります。翌年には首席となり、以後は卒業まで首席を通します。英語力についても、「何でも思い切って言うに限ると決心して」、拙《つたな》くても構わず積極的に発言するよう心がけたようです。

この時期の漱石の心理的成長は、めざましいといえます。さまざまな困難を超えて、人として何者かになろうとする強い「意思」や「志」が、友との交流によって育まれたのです。大学入学前には、本気で建築家になることを夢見たことのある漱石が、迷いを振り切り、欧米の近代文明を吸収するための最大の利器とみなした「英語力」を、必死で身につけようとしたのです。その圧倒的な気迫は、自らの命の短さと生きることの辛さに日々直面していた子規が俳句の刷新に向けて奮闘努力する姿に重なります。同じ年にこの世に生を受けながら、二〇代にしてすでに死期を向かえつつあった子規に友人として対峙するために、漱石は自分も死にものぐるいで取り組む「対象」を見つけることが必要だったのかもしれません。ある意味では、英語力の獲得が漱石にとって生き残る根拠となり、また生きていくための具体的な指標ともなったのでしょう。

英語力を武器にしようと志した漱石にとって、幸運な出会いが待ち受けていました。大学のお雇い外国人教師のＪ・マードック（James Murdock）から、生きた英語を学ぶ機会に恵まれたのです。漱石は「分からないながらもできうるかぎりの耳と頭を整理して先生の前へ出た」し、「時には先生の家まで出かけた」のです。漱石がマードック先生にいかに傾倒していたかは、次の文章からうかがえます。

あるときどんな英語の本を読んだら宜《よ》かろうという余の問に応じて、先生は早速《さっそく》手近にある紙片に、十種ほどの書目《しょもく》を認《したた》めて余に与えられた。余は時を移さずその内の或物を読んだ。

（中略）

どうしても眼に触れなかったものは、倫敦《ロンドン》へ行ったとき買って読んだ。先生の書いてくれた紙片が、余の袂《たもと》に落ちてから、約十年の後に余は始めて先生の挙げた凡《すべ》を読むことが出来たのである。
（『漱石文明論集』「博士問題とマードック先生と余」221頁）

またマードック先生も、首席で英語能力も高い漱石に好意的に接したようです。わずか一年間とはいえ、先生の英語と歴史の授業を週五、六時間受けることができたのは、漱石にとって幸せなことだったと思われます（川島、二〇〇〇）。第一高等中学校を卒業目前の漱石は、「一六世紀の日本と英国」という英語で書いた大部の論文を書き上げますが、その際にはマードック先生から細かい添削指導を受けています。このように、漱石の卓越した英語力は本人の努力もさることながら、当時の日本にあっては希少な高等教育の人材であったネイティヴ・スピーカーで、しかも熱心な教師から直接指導を受けた賜物であったことがわかります。

青年期前期の漱石が心の迷いの渦中にあり、一時期は不登校状態に陥った難局からふたたび立ち直っていく心の軌跡を丹念にたどることは、現代の不登校生やひきこもり青年の心の闇を解明するうえでも貴重な示唆を与えます。進路の迷いから不登校状態に陥り、勉学の意欲も停滞した一人の青年が、友人との出会いをきっかけに元気を取り戻し、圧倒的な文明の力を誇る欧米列強に追いつくために、その力の源泉となる「英語力」を手中に収める以外にないと決意するまでの心理過程は、現代にも通用する「復活のシナリオ」として活用できます。そこには、家庭と学校が連携する必要性も示唆されています。なぜなら、漱石が進路選択に悩んでいる時に英語を学ぶように勧めたのは、長兄の大助だったからです。これらのことを考え合わせると、不登校や学業停滞を克服するためには、本人の自覚に頼るだけでなく、家庭と学校の双方の適切なタイミングでの介入や支援が必要なことは、今も昔も変わらない必須要件だといえます。

松山・熊本での教師体験

英語力を身につけた漱石が大学を卒業し、いくつかの学校で非常勤の英語教師をしながら大学院を修了した時には、すでに二六歳になっていました。生計を立てるための職業として選択したのは英語教師であり、最初の勤務校は東京高等師範学校（現在の筑波大学の前身で、当時は中学校の教員を養成する学校）でした。しかし、なぜか二年後に愛媛県尋常中学（松山中学）の英語教師となって赴任することになります。実は、松山に行く前の漱石は「神経衰弱」の状態になっていて、その苦しみから逃れるために鎌倉の円覚寺という禅寺で禅の修業に取り組んでいたのです。

結局、その試みは失敗に終わります。さらに、教員養成学校の万事が形式的なところに違和感を強め、さしずめ現代の「適応障害」に相当するような心境になり、ついに東京を脱出するはめになったようです。万策が尽きて希望を失った漱石は、「何もかも捨てる気で」東京を離れる決意をしたと考えられます。

漱石の松山行きには、高齢の父や親戚も反対したようです。しかし、彼はそれを聞き入れず、友人の子規の生まれ故郷である松山行きを決行したのです。この時点で、漱石ははじめて家族のみならず、生まれ育った東京という土地（ふるさと）から自立した個人として、また英語教師としての生活を歩むことになります。しかし、英語教師となった漱石は、世に知られた『坊ちゃん』の舞台でもある松山に定住することはできませんでした。校長よりも高い初任給で迎えられたにもかかわらず、彼はわずか一年で松山中学を去り、さらに西方に離れた九州の熊本の第五高等学校の講師へと転任することになります。

転任の話と同時に見合い話もまとまっていたので、熊本での教師生活は漱石自身の家庭生活の始まりとも重なりました。熊本時代の漱石はよく旅に出ています。北九州、久留米には私的な旅行で、また佐賀や福岡には学校での英語教育の実状を視察する目的で公務の出張をしました。とくに、熊本の阿蘇山や小天温泉への旅は、生まれ育った東京の町中とはまるで違った風景に接して、大いに気分を一新できたようです。漱石が風呂好きだったことはよく知られていますが、この趣味も生来の甘いもの好きと同じく、過敏になりがちな神経の働きを休める効果を期待する「自己治癒」の要素が含まれていたものと推察されます。

ただし、甘い物好きが身体的な健康維持に悪影響を与えたことについては、すでに述べたとおりです。

それに比べると、阿蘇山のような雄大な自然やのどかな温泉の風景に抱かれる体験には、過剰な糖分摂取に付随するような「副作用」は少ないと考えられます。自然に触れることによって、積極的に心の空虚さを埋める、ひるむ心を奮い立たせる、あるいは人間関係で傷ついた心をなごませるなどの効果があることは、森林浴等の普及によって現在では広く知られています。漱石も、その効果を体験的に知る一人だったのでしょう。

ロンドンでの留学体験

熊本での教師生活にも慣れ、長女も生まれてようやく安定したかに見えた漱石一家でしたが、四年目で文部省（現、文部科学省）から突然、英国留学の話が舞い込んできます。漱石としては、留学の希望をもっていたわけではなく、妻の鏡子がすでに二人目の子どもを身ごもっていたこともあり、かなり躊躇したようです。この時点での異国への単身赴任は、漱石一家にとっては、幸運というより、むしろ「家族危機」の到来として意識されたのかもしれません。当時の文部省としては、お雇い外国人に代わる日本人の英語教師を必要としていたために、漱石がその候補となったのでした。しかし、これは官命でもあり、断ることができる由もありませんでした。

漱石が官費留学生として英国のロンドンに到着したのは、奇しくも一九世紀が終わる一九〇〇年のことでした。漱石の人生周期は江戸時代の末年に生まれたことといい、さらには千年紀の末年に遠い異国の地に留学したことといい、大きな歴史の節目に彩られていることに改めて印象付けられます。漱石独特の思考様式が、時空の壁を超える普遍性をもつようになった背景には、彼が百年周期、あるいは千年周期といった大きな時間的枠組みを絶えず意識せざるを得ないほど、乳幼児期に始まる数回の「非通例的」な危機的体験の情動記憶が、深く脳内に貯蔵されていたからではないかと思われます。

ロンドン留学の体験は、その危機的体験の一つでした。漱石と日本に残してきた妻子の双方にとって、この海外への単身赴任は深刻な家族危機をもたらしました。異国での不適応から極度の「神経衰弱」に陥った漱石の精神状態は、留学中断をも周囲に予感させるまでに悪化し、ロンドンの日本人在住者が「漱石狂せり」という電報を文部省に打電する事態にまで発展したことは、よく知られています。幸い、ぎりぎりの土壇場で漱石はどうにか踏みとどまることができました。二年の留学期間終了を目前に控えた時期には、知人の招待により、スコットランドへの旅行に出かけ、そののどかな自然や風景によって癒される「復活の体験」をしています。

英国到着後、最初の半年ほどの間に五回も転居していることは、漱石がどこにも安住の場所を見つけられなかった心境を如実に反映しているようです。比較的落ち着いた住宅地の下宿に転居した後は旅行に行くこともなく、洋書を買い込み下宿でひたすら読書に励む生活を続けました。この頃、漱石は追跡される、あるいは迫害される妄想に苦しめられていたことも、外出を避ける要因となっていたようです。

余分な出費を差し控えなければ、商売道具である原書を購入できない経済的不安も大きかったはずです。その結果、いわば「ひきこもり」にちかい生活を余儀なくされたのでした。

漱石は孤独と緊張のなかでロンドンでの留学生活を過ごしたのですが、彼にとっての外界は自分に対して無関心であるにもかかわらず、いつ迫害者に変身するかもしれない不気味なものとして感じられるようになっていきました。漱石の精神状態は危機的水準にまで追い込まれていったのです。『道草』には、この頃の体験を再現した情景が細やかに写生されています。

その健三には昼食《ちゅうじき》を節約した憐《あわ》れな経験さえあった。ある時の彼は表へ出た帰掛《かえりがけ》に途中で買ったサンドウィッチを食いながら、広い公園の中を目的《めあて》もなく歩いた。斜めに吹きかける雨を片々《かたかた》の手に持った傘で防《ふせ》けつつ、片々の手で薄く切った肉と麺麭《パン》を何度にも頬張《ほおば》るのが非常に苦しかった。彼は幾たびか其所《そこ》にあるベンチへ腰を卸《おろ》そうとしては躊躇《ちゅうちょ》した。ベンチは雨のために悉《ことごと》く濡《ぬ》れていたのである。

ある時の彼は町で買って来たビスケットの缶を午《ひる》になると開いた。そうして湯も水も呑《の》まずに、硬くて脆《もろ》いものをぼりぼり噛《か》み摧《くだ》いては、生唾《なまつばき》の力で無理に嚥《の》み下《くだ》した。

（『道草』五十九）

このような苦境にあって、漱石の心の支えになる人物との出会いのチャンスが訪れます。その人物とは、化学者の池田菊苗で、後に東大教授となり、「味の素」の発明者として知られています。漱石は池田と英文学、世界観、禅学、哲学、教育、中国文学など幅広い分野について、連日のように対話を重ねることで、その博識と識見の高さにすっかり魅了されたようです。この出会いによって、漱石は心を開けるようになり、ある晩などは理想の美人とは何かについて真剣に議論した後で、互いに現在の妻と比較する話に至ったところで、大笑いとなったエピソードが日記に記されています。客人と大声を立てて笑い合うことができた漱石は、この時点で最悪の事態を脱する心理的なコツをつかむことができたと考えられます。高尚な話が行き着いたところでの脱線話は、全身の緊張緩和を伴う「哄笑《こうしょう》」を引き起こす効果があります。それによってたちまち和やかな雰囲気が生まれ、鬱積《うっせき》した感情の解放にもつながるという経験上の知恵ですが、現在では実証的研究によって科学的な裏づけが得られつつあります。

東大英文科での教師体験

英国留学から帰国した漱石は、友人を通じて精神科医の呉秀三（後の東大精神科教授）に神経衰弱の診断書を書いてもらえるように依頼し、その結果、熊本の五高の教師を辞職することが認められます。その後の就職活動が成功し、漱石は東大の英文学科と一高で英文学を教えることになります。再び、英語教師の職に戻ったのは良かったのですが、前任者がラフカディオ・ハーン（小泉八雲）で、その詩の鑑賞を主とする講義は学生には好評であったにもかかわらず解雇された（理由は不明）直後であったことも影響して、学生との折り合いはうまくいかなかったのです。一時は学長に辞意を表明したほど、困惑したようです。この頃の漱石の言動については、妻の鏡子が『漱石の思い出』のなかで、次のように回想しています。

このころまではまずまずどうにかよかったのですが、六月の梅雨期ごろからぐんぐん頭が悪くなって、七月に入ってはますます悪くなる一方です。夜中に何が癪《しゃく》にさわるのか、むやみと癇癪《かんしゃく》をおこして、枕と言わず何といわず、手当たりしだいのものをほうり出します。子供が泣いたといっては怒り出しますし、時には何が何やらさっぱりわけがわからないのに、自分一人怒り出しては当たり散らしております。どうにも手がつけられません。

……以前とはまるでころりと違っていますので、不審でもあり心配でもあるので、そのころ始終私を診《み》に来てくださった尼子《あまこ》四郎さんにお話をしまして、とてもまともに診てあげましょうなどといったって、近ごろの空模様ではすなおにおとなしく診せる気遣いもなし、いつかおりをみて、私を診に来ていると、どうも夏目の顔色が悪いがとか何とか言いがかりをつけて、そこのところをうまく持ちかけて診察してやってくれませんかとお願いしました。尼子さんも子細承知で引きうけてくださいました。

四、五日たつと、尼子さんがみえてのお話に、よほど話がうまく運んだとみえて診察をされたというのです。どんなでしたとお伺いしますと、どうもただの神経衰弱じゃないようだと首をかしげられます。それではと重ねてお伺いしますれば、精神病の一種じゃあるまいか。しかし、自分一人では何ともそこのところは申し上げかねるから、呉《くれ》博士に診ていただいてはというお話です。そうなれば是非もありませんが、またますます心配なので、ではそう願おうということにお話をきめて、万事の謀《はかりごと》は尼子さんにお願いいたしました。

（『漱石の思い出』十九）

再び、漱石は家族の目にも明らかなほど深刻な心理的危機に陥ったことが分かります。異国である英国でならいざしらず、わが母国である日本の、それも母校の後輩でもある学生から歓迎されざる者としての扱いを受けた彼の苦悩は、察して余りあります。人は、どのようにすればこのような苦境から脱することができるのでしょうか。ここでは、従来のような病跡学的な探求ではなく、漱石がなぜ絶望してしまわずに「生き残る道」を選んだかについて考えてみたいのです。普通なら、「こんな目にあう位なら、いっそ死んだ方がましだ」と、考えてしまいそうな状況がそろっているからです。事実、漱石は精神的不調が極まると、家族に当たり散らしています。家族もいい迷惑です。ここまでくると漱石のみの危機ではなく、家族全体が危機の渦中に巻き込まれたようなものです。とはいえ、漱石一家はなぜ崩壊してしまわなかったのでしょうか。この点も、合わせて考えてみたいのです。

その鍵は、やはり「文学の道」を志す漱石の心のなかにあったと思われます。当初は、講義の準備のためにしたためていた『文学論』を書き進むうちに、英文学者としての自己矛盾に気づき、やがて教師としての自己矛盾、ないし不適応感を強めていきます。そもそも、漱石が英文学を志した動機は教師や研究者になるためではなく、「外国語でえらい文学上の述作をやって西洋人を驚かせ」ることだったのです。後の講演では、「英文学に欺かれたるがごとき不安の念」や「自分が何をなすべきかわからない」、あるいは「教師になったというより教師にされてしまった」とまで述懐しています（『私の個人主義』）。その追い詰められたような心境のなかで、突然、脱線や滑稽に満ち溢れた『吾輩は猫である』という個性的な文学作品が誕生したのです。漱石の処女作でもある、このユーモア小説が生まれた背景に、友人の高浜虚子との緊密なコラボレーションがあったことは、注目すべきと考えられます。

漱石は生活の糧である教師稼業をどうにかこなしながら、子規の門下生が子規の死後も続けていた、互いに自作の文章を発表する集まり（「山会」）に参加していました。元気をなくしている漱石をみかねた友人の高浜虚子に勧められ、「山会」で文章を発表することになります。山会の当日、虚子が漱石宅に立ち寄ると、漱石はその場でき上がったばかりの文章を虚子に読み上げるように頼みました。虚子がそれを朗読しているうちに、聞いている作者の漱石自身がそのおもしろさに腹を抱えて笑い出したのです。これに気を良くした漱石は虚子の助言で草稿にかなりの修正を加え、題名も勧めにしたがって『吾輩は猫である』に決定し、山会で発表したのです。この作品が、「ホトトギス」の一九〇五年新年号の巻頭を飾り、大成功を収めたのです。漱石個人の教師としての不適応感や家庭生活での苦悩が、創作の原動力となったことはまちがいない事実です。同時に、漱石の秘められた資質に期待を寄せ、創作の過程に直接加わり、さらに出版を通じて世に出るきっかけを与えた同世代の虚子が果たした役割の大きさも忘れてはならないように思います。

五、作家への転職

新聞小説作家へ

『吾輩は猫である』を発表した時点で、漱石はすでに三八歳になっていました。漱石は四九歳で亡くなっていますので、職業作家としての人生は、わずか一〇年余ということになります。この間に、漱石は猛烈な勢いで執筆活動を展開しました。『猫』が完結する一九〇六年八月までのわずか一年八カ月の間に発表された作品を談話筆記なども含めて列挙すると、以下のようになります（山本、二〇〇五、128～129頁）。

一九〇五年　一月　『吾輩は猫である』『倫敦塔』『カーライル博物館』
二月　『吾輩は猫である』（続編）
四月　『幻影の盾』『吾輩は猫である』（続々編）「倫敦のアミューズメント」
五月　「批評家の立場」
六月　『吾輩は猫である』（四）『琴のそら音』
七月　『吾輩は猫である』（五）
八月　「戦後文界の趨勢」「現時の小説及び文章に付いて」「本郷座金色夜叉」「イギリスの園芸」「水まくら」
九月　『一夜』
一〇月　『吾輩は猫である』（六）
一一月　『薤露行』
一九〇六年　一月　『趣味の遺伝』『吾輩は猫である』（七、八）「昔の話」「予の愛読書」
三月　『吾輩は猫である』（九）「余が文章に裨益し書籍」

四月　『吾輩は猫である』（十）『坊ちゃん』
六月　「文学断片」「落第～名士の中学時代」
八月　『吾輩は猫である』（十一＝完）「夏目漱石氏文学談」「文章の混乱時代」

まだ大学で教えていた時期にもかかわらず、漱石は一日平均二二枚（四〇〇字詰め原稿用紙）強の原稿を連日書き続けていたのです。鏡子夫人の回想に依れば、『坊ちゃん』や『草枕』などは、一晩か二晩で書き上げたそうです。それぞれ、文体や主題の異なる作品を二年に満たない短期間で、しかも日中の勤務時間外の自宅での副業として次つぎに産みだしたことは信じがたいことです。逆に考えれば、漱石の心のなかで表現への意欲がいかに高まっていたかということが理解できます。

このあたりの心境の変化を知る手がかりは、門下生や友人に当てた手紙から入手することができます。ある門下生には、「それから今日のことを申すと、この次はもう書く事があるまいと思う。しかし、いざとなると段々思想も浮かんでくる。まず前回位なものはできる。すべてやり遂げて見ないと、自分の頭のなかにどれ位のものがあるか自分にもわからないのである」と言っています。友人の高浜虚子に宛ては、「このごろは小説をよみ始めました。スルと奇体なものにて十分に三十秒位ずつ何だか漫然と感興がわいてまいり候。（中略）この漫然たるものを一々引きのばして長いものにでかす時日と根気があれば日本一の大文豪に候」と、書き送っています。

この時期に漱石がもう一つ発見したことは、作品を通じて他者と心を通わせる喜びの体験でした。作家として名前が知られるにつれて、周辺に彼を敬愛する学生のグループが集まるようになったのです。厭でたまらない教師稼業だったはずですが、自分を「私人」として慕ってくれる門下生との関係は、まるで違って感じられたのでしょう。漱石が友人たちに出した手紙には、その頃の心境が率直に書かれています（矢島、一九九九）。その一部を以下に紹介します。

……小生は生涯のうちに自分で満足の出来る作品が二三篇でも出来ればあとはどうでもよいと云ふ寡《か》慾《よく》な男に候処。それをやるには牛肉も食はなければならず玉子も飲まなければならずと云ふ始末からして遂々心にもなき商買《しょうばい》に本性を忘れるという顛末に立ち至り候。何とも残念の至に候。（とは滑稽ですかね）とにかくやめたきは教師、やりたきは創作。創作さえ出来ればそれだけで天に対しても人に対しても義理は立つと存候。自己に対しては無論の事に候。

（一九〇五年九月十七日付け、高浜虚子宛）

……僕は一面において俳諧《はいかい》的文学に出入すると同時に一面に於て死ぬか生きるか、命のやりとりをする様な維新の志士の如き烈しい精神で文学をやって見たい。それでないと何だか難をすて丶易につき劇を厭《いと》ふて閑《かん》に走る所謂《いわゆる》腰抜文学者の様な気がしてならん。

（一九〇六年十月二十六日、鈴木三重吉宛）

鬱屈《うっくつ》した情動体験によってたびたび押しつぶされかけた漱石の心のエネルギーは、逆境の渦中で出会う他者との出会いによって、逆に生き抜こうとするエネルギーや、飽くなき創作への意欲として転化し始めたのです。もはや、その勢いは押しとどめられるものではなく、作品の発表を通じて次つぎに世の中へと広がっていくことになります。

読者との協働

漱石は四年間の大学勤めの間に、『吾輩は猫である』『坊ちゃん』『草枕』『二百十日』『野分』『文学論』などの後世に残る作品を完成させました。この頃の漱石は家族を養うために、東京帝国大学や一高だけでなく、明治大学でも教えていました。執筆にさける時間が限られていたことを考えると、この間の漱石の執筆は、まさに命を削る作業だったと思われます。しかし、その労苦は十二分に報われたといえます。友人や知人の手助けもあって出版された本は評判を呼び、「夏目漱石」という筆名とともに世の中から「歓迎」されたのです。この世に生を受けてから以後、親からさえ疎まれ、どこにも居場所がないと思い続けていた「夏目金之助」は、ようやく四〇歳を目前にして、生まれてきたことの「意味」や「価値」を見出すことができたのです。

この漱石の力量を認めた朝日新聞の社主や主筆の池辺三山は、朝日新聞への入社を強力に推し進めることになります。漱石は、入社に当たっての細かな条件を確認したうえで、契約に同意したことが分かっています。一九〇七年四月に漱石は東大を辞職して朝日新聞に入社し、ついに「新聞小説作家」となります。当時は、この転職自体が大きなニュースとなり、漱石作品への期待につながった面もあったようです。新聞という新たな媒体を得たことによって、漱石の表現世界は一挙に拡大していきます。「新聞小説」という発表の形態は、漱石の内部に蓄積されていた「情動体験の塊」を、一日一日解きほぐすように文字化し、さらに文章化することに「フィット」していたようです。以後の彼は、新聞の配達を毎日楽しみに待ち望む読者に応えるべく、生活に密着した多彩な作品を死の直前まで書き続けました。

その人気ぶりは、入社第一作の『虞美人草』の連載が始まって間もない七月初旬には、日本橋の三越呉服店が「虞美人草浴衣」を売り出したことにも表れています。ただし、現代の作家と異なり、漱石はあくまでも新聞社というマスメディアにかかわる組織の一員としての自覚をもっていたことにも注目する必要があります。そこには、漱石の潔癖な性格や倫理観が色濃く反映していたようです。鏡子夫人の回想によれば、「何よりも人との関係で気のつくのは、おそろしく几帳面なことでございました。だから約束なんかはほんとうに堅いものでした。そのかわり人がそれを破ったりするようなことがあると、一ぺんにその人に対する信用をなくするというような傾きもありました」という性格で、実務的でもあったのです。

原稿を執筆する以外にも、新聞社の宣伝のための巡回講演会の講師を引き受けるなど社業に貢献しています。一般向けの講演ということからすると、現在強調されることの多い「社会貢献」の意義も感じていたのかもしれません。また、漱石は講演がうまかったことも知られていて、聴衆をひきつける「コツ」も身につけていたようです。この才能については、幼い頃からなじんでいた落語の「話芸」が役に立っていたのではないかと思われます。雇い主である新聞社は、漱石の知名度に加えて講演じょうずであることに期待を膨らませ、各地からの出講依頼をとりまとめました。その結果、漱石には夏の暑い盛りに西日本各地を講演旅行し、一般の聴衆に自分の考えを直接に伝える機会が提供されたのです。義理堅い漱石がこれを断るはずもなく、立派にその役割を務め、会場に詰め掛けた多くの聴衆に感銘を与えたのです。しかし、その直後に持病である胃潰瘍を再発し、講演先の大阪で一カ月の入院生活を余儀なくされました。このエピソードは、さまざまな「好都合」が累積することで大きな成功が得られると同時に、まるでその代償でもあるかのように、生身の人間の健康が損なわれるという「不都合」が生じる例でもあります。生真面目で義理堅い漱石は、この皮肉な「循環システム」から逃れることはできなかったのです。

病との闘い（修善寺の大患）

人間関係に関する漱石の潔癖性や倫理性は、彼を不自由にしたと同時に、さまざまな資質に秀でた友人や知人、そして門下生との交流を、信頼の「絆」で結ぶことに役立ったと理解することもできます。職業作家となった後は、新聞社という「近代的な組織」と明確な契約に基づいた西欧スタイルの互恵的関係を結ぶことになります。さらに、その互恵的関係は、「日刊新聞」という近代社会が生み出したマスメディアを通じて、万単位の読者との間接的な関係へと拡大していきました。漱石が病後の身体を押して講演旅行を敢行した背景には、紙面を通じた一方的な関係ではなく、対面での双方向的な交流と関係を結ぼうとする気持ちが強かったのかもしれません。

しかし、漱石一人で大勢の人々の願望や期待に応え、失望させないようにすることは、荷の重い話です。その心の負担は、元来の弱点であった胃の機能を低下させる要因となったようです。朝日新聞に入社して三年が経過した頃から、漱石は胃潰瘍に苦しむようになっていました。四三歳の夏に伊豆の修善寺に滞在中だった折には、大量の吐血から一時は昏睡状態に陥る臨死状態を体験しています。これは、「修善寺の大患《たいかん》」として知られているエピソードです。さすがの漱石も、自分の一部である「臓器」とは互恵的関係をうまく結ぶ技を見出すことができなかったのでしょう。現在であれば、自律訓練法やリラクセーション法など各種の「ストレスマネジメント」の手法を効果的に用いてストレスを減らし、胃への過度な負担を軽減できたかもしれません。しかし、当時の日本には、そのような心理的対処法が知られていなかったために、もっぱら医師による身体面での処方しかなされなかったのです。

漱石は、胃潰瘍だけでなく、多くの疾患を抱えていました。痔疾や糖尿病でもかなり苦しんだようです。また、「神経衰弱」というかつての診断名で示されている精神・神経的な不調も繰り返し経験しています。その主要な時期は、大学院に入学後の二七～二八歳の頃、ロンドン留学中と帰国後にかけての三四歳～三七歳の頃、そして四五歳～四七歳の頃だとされています。最初の大学院の頃は、禅寺での参禅によって苦しみから逃れようとしてあっけなく失敗しています。しかし、その後の唐突な松山の中学への赴任や、さらに遠方の熊本の高校への転任などの、いわば転地療養ともいえる現実逃避によって、内面での葛藤から回避できたのかもしれません。

しかし、ロンドン留学中には、一人孤独に原書の読み込みや思索に明け暮れる以外に手はなく、次第に自身の内面での苦悩と直接に向きあわざるを得なくなったのでしょう。帰国後も、次々に生まれる子どもを養育するための生活費を稼ぐために、複数の学校でかけもちの授業をこなしていました。さらに、家庭でも妻の鏡子との折り合いは悪く、ストレスを溜め込む状況が続いたのです。一方で、文章で表現することへの潜在的意欲も強まったその極点で、いくつかの幸運な偶然が重なり、『吾輩は猫である』という類い稀な独創的作品が誕生したのです。いわば、自らを滅ぼしかねない内面での「毒」を一挙に解毒し、哄笑とともに吐き出させる「妙薬」を、自家製造したようなものかもしれません。

漱石はこの手ごたえに力を得て、一気呵成《いっきかせい》に作品を量産し始めました。しかも、作品ごとに、そのスタイルを変化させる離れ業をやってのけたのです。彼は、けっして「柳の下で二匹目のドジョウを狙う」がごとき姑息な手段はとらなかったのです。まことにあっぱれな創作態度であり、誰にもマネのできることではありません。そのような自ら妥協を許さず窮地に追い込むような姿勢は、まぎれもなく彼自身がそうあろうと宣言した「維新の志士のように命を削るが如き」ものであったことは確かです。しかし、漱石が払わねばならなかったツケも大きかったといえます。彼が創作の過程で体験した恐ろしいほどの重圧は、確実に「トラウマ」となって自らの心身に刻み込まれ、最終的には彼の命を奪うことになったのです。

未完の絶筆『明暗』

漱石の人生最後の作品の表題は、『明暗』というわずか二文字で表されています。この書名の由来についても、さまざまな検討がなされてきたようです。いくつかの説のなかで私がもっとも心を引かれたのは、次の記述でした。それによると、『明暗』の執筆中に、漱石が門下生の芥川龍之介に手紙を送り、そのなかで、〈明暗双々三万字〉の詩句を含む漢詩を書き送り、明暗双々は「禅家で用いる熟字であります」と注記していたというのです（三好、一九九〇）。したがって、人生の締めくくりとなった作品のテーマは、青年時代から取り組んでいた禅の思想を集約する「明暗」という言葉に凝縮されていたことが理解できます。しかもその出典が、漱石の蔵書であった江戸時代の名僧白隠《はくいん》の『槐安国語《かいあんこくご》』であったことも、根拠の確かさを示しています。

漱石は若い頃に鎌倉の禅寺円覚寺で参禅しています。その時には、いわゆる「悟り」をひらくことはできませんでした。しかし、禅に対する関心は、その後ももち続けていたのです。その証拠には、生前から自分の葬儀は禅宗の坊さんにやってもらいたいと宣言していたほどだったのです。実は、漱石の実家である夏目家の宗旨は浄土真宗でした。しかし、実家の宗旨での葬儀を嫌っていた漱石は、生前に妻から自身の葬式を何にするか尋ねられて、鎌倉円覚寺の住職であった宋演に禅宗の経をよんでもらいたいと希望を述べていたそうです（夏目、一九九四）。そこで、妻の鏡子は漱石の葬儀に際してその遺志をつぎ、禅宗で執り行ったのです。

このように、『明暗』という主題と江戸時代に遡る禅思想の系譜との関係を強調すると、読者のなかには、晩年の漱石は旧弊な過去に目が向き、前近代的なものの考え方に退行してしまったのではないかと誤解する人がいるかもしれません。しかし、事実はそうではなく、漱石が二〇世紀初頭の物理学における相対性理論の発見に象徴される最先端の科学理論や認識論に対して鋭敏な感性を働かせ、その最新知識を創作過程に大胆に取り込んでいたのです。『明暗』の冒頭シーンには、その成果が反映されています。それは、新婚六カ月を迎える津田（漱石の分身）が医師から痔の手術を受けるように勧められる場面から始まります。沈んだ気分で病院から帰宅する道すがら、津田は二、三日前、友人から聞かされたポアンカレ（フランスの大数学者）の「偶然」の意味についての話を思い出します。友人は津田に向かってこう語ったのです。

だから君、普通世間で偶然だ偶然だという、いわゆる偶然の出来事というのは、ポアンカレーの説によると、原因があまりに複雑すぎてちょっと見当が付かない時にいうのだね。ナポレオンが生れるためには或《ある》特別の卵と或特別の精虫の配合が必要で、その必要な配合が出来得るためには、またどんな条件が必要であったかと考えて見ると、殆《ほと》んど想像が付かないだろう。

（『明暗』二）

津田は友人が教えてくれたポアンカレの話を、単なる座持ちの話題として聞き流すことはできなかった。それどころか、「偶然」を自分の身の上に照らし合わせ、多種多様な要因が複雑にからみあったような状態、つまり「複雑の極致」でもあることに思い至る、という筋書きになっています。この複雑性がきわまった状態（極限）についての科学的な研究は、現在では「複雑性の科学」、あるいは「カオス理論」などと呼ばれています。文系・理系の区別にとらわれない学際性の高い融合的な先端領域として、科学研究のフロンティアに位置づけられ、この分野からI・プリゴジン（Ilya Prigogine）などのノーベル賞受賞者が輩出しつつあるのが現状です。では、漱石は誰からそのような科学の最新知識を得ていたのでしょうか。その人物は、弟子の一人で物理学者でもあった寺田寅彦だったことが明らかになっています（小山、二〇〇五）。寺田寅彦の影響もあって、漱石は最新の相対性理論についても原書の書評等を通じて、その基本的な発想の骨子を理解していたことが推測されています。

このように見てくると、『明暗』の書名に暗示された禅の用語にしても、そして冒頭シーンで使われた「偶然」、あるいは「複雑の極致」の用語にしても、それは単なる状況描写のための「セリフ」ではなく、ある種の必然性に裏打ちされた漱石の深い思索から紡ぎだされた「言葉」であったことが理解されます。その傍証として、寺田寅彦訳によるポアンカレの「偶然」の訳文を以下に引用しておきます。

> 偉人の生れるという事は偶然の大なるものである。異性の原始的細胞が相合する際に、その両方がそれぞれに、相合した時に大天才を作り出す様な不可思議な要素を丁度具備しおるという事は全く偶然な事である。この様な要素の稀有な事はもちろん、これが二つ出逢う事の更に稀有な事は誰も認めるであろう。この要素を備えた精子の径路がごく僅に一方に偏するかしないかという事は実に些細な相違である。これが僅に一粍《ミリメートル》の十分一だけ一方に偏したらナポレオンは生まれなかったろう、また一大陸の運命は全

く別物となったであろう。偶然というものの真の特徴を説明する実例として、これに勝るものはあるまい。
（『寺田寅彦全集』第九巻）

漱石は、職業作家になってからも、欧米で刊行される幅広いジャンルの原書や雑誌を丸善から取り寄せて、常時読み込んでいたのです。英語教師でなくなった彼にとって、英語で書かれた原書を精読する直接の必要性はなかったはずです。しかし、「考える人」としての漱石にとっては、たとえそれが英語で書かれた原書であろうと、あるいは江戸時代の禅書であろうと、そこに真実に迫る「智恵」があるとにらめば、あくなき知的好奇心でその理解に努め、さらに、そこで得た「エッセンス」を創作の過程に生かそうとしたのです。まさに、今は亡き作家の井上ひさしが「輝ける多面体」と称した本領を、死の直前まで発揮し続けた人だったのです。

二章

夫婦の心のもつれ

見合いをした頃の漱石（上）と鏡子（下）

前章では、夏目漱石を事例として取り上げ、個人の人生周期に及ぼすさまざまな偶然と必然の要素が織り成す「綾」に焦点を当ててきました。続く本章では、家族とその人生周期の中核をなす「夫婦関係」に家族心理学の光を当てます。とくに、日本の夫婦関係に特有と思われる心理的な問題点を整理することに主眼をおきます。

一、日本人の夫婦

日本の夫婦

ここでは、家族システム論の用語を使えば、日本の「夫婦システム」の心理特性とその人生周期を扱います。「システム」という言葉のやや冷たい語感に抵抗感がある読者は、「関係系」という言葉に置き換えて理解していただくと良いかもしれません。その理由は、「関係」、とりわけ元は他人同士であった夫婦の関係は単純ではなく、現実の生活場面でいくつもの異なる様相を呈することから、それらを束ねる用語としては、「関係系」が適切だと考えられるからです。この理解を前提として、さらに「系」を

「システム」とほぼ等しいとみなすことに納得できれば、「夫婦関係系」といういささか冗長な用語よりは、むしろ「夫婦システム」という用語のほうが、日本の夫婦の現状を多角的に考察するには適しているからです。

さらに言えば、あえて「システム」というカタカナ書きの外来語を用いることによって、半ば「無意識化」しがちな夫婦関係の現実を意図的に「異化」し、潜在化した夫婦関係の問題点を意識過程に上らせることが可能になるからです。ある意味では、個人の無意識以上に、夫婦関係における無意識的な心の働きは、「客観視すること」が難しい側面をもっています。とりわけ、日本の夫婦にあっては、その傾向が顕著であるといえるかもしれません。現状では、日本の夫婦がすすんで夫婦関係の問題を心理臨床の専門家のところにもち込み、心理的援助を求めることが一般化しているとはいえません。この点では、夫婦療法や夫婦カウンセリングが盛んに利用されている欧米諸国とは際立った違いが認められます。

日本の夫婦が、意識的であれ、あるいは無意識的であれ、心理的な問題を抱えていないのであれば、ことさらな支援は必要ないことはいうまでもありません。しかし、そうとは言えない夫婦関係の悪化をめぐる事件や事故の報道も跡を絶ちません。夫婦関係の破綻の明確な指標でもある日本の離婚率そのものが、急上昇している訳ではありません。しかし、「家庭内離婚」あるいは、「心理的離婚」と呼ばれるような夫婦関係については、正確な統計を取ることも困難です。つまり、外部から客観的に見れば夫婦としての愛情に満ちた関係が成立していなくとも、双方が暗黙のうちにその状況の変化を望まず、積極的に別居や離婚の手続きを取らず、そのまま放置しているような場合には、誰も文句をつけることはできないのです。

ここで、誤解が生じないようにしておきたいのですが、私は日本で夫婦療法や夫婦カウンセリングが欧米並みに発展すべきだと主張したいのではありません。欧米と異なり、日本ではその文化・社会的背景の特異性から、将来とも夫婦関係についての心理的な支援を専門機関に要請する「ニーズ」は、あまり増えないかもしれないと考えることもあります。しかし、もしわが国特有の社会システムや家族システム、あるいは夫婦システムにぴったり合致した心理支援の方策が見出されれば、それによって救われる夫婦も少なからず出てくるはずです。卑近な表現を使えば、「臭いものには蓋をする」、あるいは「不都合な真実には目をつぶる」態度で、結婚のような人生にかかわる重大事が済まされるとは考えられません。それは、洋の東西を問わない「人生の真実」だと考えてもよいのではないでしょうか。

夫婦の愛情

普段の生活では、「愛情」という言葉を意識しなくとも家庭生活を営むことは可能です。あわただしい日常生活の現実を考えれば、むしろ「愛情」といった言葉を意識し、あるいは実際に使う機会は少ないかもしれません。とりわけ日本では、この種の言葉を気軽に口にする習慣はなかったといってもよいかもしれません。やや古臭い表現ですが、「秘してこそ花」といった心境を大切にすることは、いわば

「美風」として尊ばれた歴史的経緯も無視することはできないようにも思われます。「本当に大事なことは、そっと胸にしまっておくべきで、軽々しく口にすべきでない」という心構えでもあります。このような考え方には、賛成・反対の両方の意見があるはずです。

どちらかといえば、男性側に黙して語らずの傾向が認められる場合が多いようですが、個人差も認めないわけにはいきません。口が重い人も軽い人も、男女の別なく存在するからです。では、夫婦でその違いが際立っている場合には、どのような関係が成立するのでしょうか。一方がもっぱら話し、他方は聞き役に回る、いわゆる相補的なコミュニケーション・パターンの夫婦は表面的には安定的であるものの、その落差が大きくなりすぎると、双方に不満が溜まってきます。有名なアメリカの画家であるノーマン・ロックウェルのよく知られた「家族」というシリーズのなかに、朝食のテーブルで夫が新聞で顔を覆い、話しかけようとしてすでに諦め顔になっている妻が在らぬ方を見つめている絵があります。

家族療法を経験してきた私は、この絵のなかの夫婦がいずれ別居か離婚の話に直面するのではないかという予感を抱いてしまいます。新聞に頭を埋めている夫の表情は描かれていないのですが、こちらを見る妻の表情は、何ともいえず淋しげなのです。もちろん、夫はその妻の表情を見てはいませんし、まして妻の失望感や淋しさに関心を向けているとは思えないのです。もしかすると、夫は株式欄でも熱心に読んでいただけかもしれません。

この例のような夫婦間の「すれ違い」は日常茶飯のことであり、どこの夫婦でも起こっていておかしくない事柄です。したがって、特別視する必要もないと誤解されがちですが、そうとも言い切れません。欧米の離婚率の高さはよく知られていますが、その発端は、上述のようなありふれたささいな「すれ違い」から始まっていることが、臨床研究から明らかになっています。もっとも、「すれ違い」そのものが原因というよりも、夫婦がその問題を共有し、話し合う機会を確保できなかったことが、結婚生活の破綻に繋がる場合が多いようです。ここに、欧米で家族療法や夫婦療法が盛んになった、一つの背景があると考えられます。

同じような状況にある夫婦は日本でも珍しくないはずですが、欧米と同様に離婚率が急増しているとはいえません。さきほどの絵の例を日本の夫婦に置き換えてみると、諦め顔の妻はそのまま諦めた状態をもち続けることが多く、欧米のように夫婦でセラピーやカウンセリングを受けに行こうとするまでの心境には至らないのでしょう。ただし、日本でも最近は心理療法やカウンセリングが一般化してきているためか、夫婦関係での悩みを抱えた妻が、この問題を放置せず、個人療法を受け、積極的に問題を解決しようとする傾向も出てきています。妻だけでなく、夫婦で自分たちの関係の問題を相談する段階にはまだ至っていないというのが、日本の社会システムの特性を反映した現状なのかもしれません。

家族の愛情と同様に夫婦の愛情も、それが保たれている間は、それが何によって支えられていて、どのような仕組みになっているかなど、ことさら意識にのぼらせたり、あるいは考えたりする必要もないと理解されがちです。心の働きでいえば、意識と無意識の中間状態を指す半意識的なものに属するとも考えられています。その夫婦があるきっかけで破綻の危機を迎えた時には、双方とも互いの「愛情」を再点検し、悩み、考え、そして何らかの行動を決断することになります。その一連の過程を経て、はじめて夫婦の愛情の実像が浮かび上がることも少なくないようです。したがって、夫婦が互いの情動関係に多少の危惧を抱く兆候が見られた時点で、早期に家族心理士や家族相談士などの専門家に相談し、ほころびかけた「夫婦愛」の点検と補修に努めることは、理にかなったことといえます。

夫婦関係の問題

心理臨床の世界では、伝統的に「愛」は「憎しみ」とともに語られてきました。「愛憎」という言葉は、わが国でも一般的に使われますが、精神分析や心理力動的立場の心理療法の世界では、「両価的感情」、あるいは「アンビバレンス」という専門用語と合わせて、特別な意味合いを込めて用いられます。愛情と憎悪という、一見すれば正反対に見える感情が同時に存在する事態を想定する、あるいは認めることが前提になるからです。ここで、科学的、ないし実証主義的な思考に長けた人々は、少なからず戸惑うことになります。おそらく、科学としての心理学、あるいは論理的、かつ実証的なデータに根拠を置く行動科学としての心理学を志す人々にとっては、もっとも手ごわい「大前提」に直面することになるからです。

その大前提とは、西欧文明の発展を基底で支えてきた要素還元主義や二元論的思考様式、あるいは分類学的なものの考え方のことです。この大前提に忠実であろうとすると、「愛情」と「憎しみ」という二つの明らかに異なる心理状態のカテゴリーを混在させるべきではなく、整然と「分別」すべきだという判断に行き着くことになります。しかし、その西欧文化や文明の只中から登場した精神分析や心理力動的心理療法の実践から抽出された「臨床の知」は、愛情と憎しみという、外形上は両極にあると見える二種類の情動が、心の深層部分ではつながっていることを、われわれに教えてくれたのです。明らかな対比は、その強度のちがいによって表面化します。つまり、愛情が強く働く場合には、それが拒絶された場合に生じる憎しみの感情も強くなり、無関心でいられる相手には強い憎しみの感情もわいてこないのです。素朴な例を挙げれば、熱烈な恋愛感情が裏切られた場合に、失恋相手に強烈な憎しみの感情が沸き起こってくることは、想定しやすいことです。したがって、欧米では、恋愛関係のような特殊な心理状態については、科学的研究の対象からはずし、演劇や文学、あるいは音楽といった「文化」の領域で扱うように、「仕分け」されてきたのでしょう。ようやく二〇世紀後半になって心理臨床という新たな専門領域が誕生し、愛情や憎しみといった「感情」や「情動」の問題についても、現代心理学が取り組むべき課題として位置づけ、そのメカニズムを明らかにしようとする機運が高まってきたといえます。

ところで、日本人が使う「愛憎」という漢字二文字は、前章で論じた「明暗」と同じく、まったく対立的である心理状態を一まとめにしています。ここには、漢字という「表意文字システム」の優れた特性がいかんなく発揮されていると見るべきでしょう。愛と憎しみの二つの側面について欧米の表音文字システムで記述する際には、論理的な矛盾が生じないように、あれこれ説明の言葉を重ねる必要が出てきます。しかし、漢字という表意文字を使えば、この二つの対比的な概念をあっさり視覚的に「並置」して表記できるからです。ただし、生身の人間がかかわりあう日常生活の生きた文脈では、互いの心のなかにこの二文字を並置したままにしておくことはできません。たとえば、交際している男女二人の間の関係がうやむやにできない局面にさしかかれば、いずれ好きか嫌いかをはっきり口に出して意思表示せざるを得なくなります。その結果、二人の間で潜在化していた矛盾する感情が一挙に表面化し、それをきっかけに関係が再強化されるか、それとも破綻するかの決定的状況が訪れます。

行政機関への婚姻届の提出によって、当該の結婚が社会的に認知されている夫婦について考えるのであれば、二人の間の情緒的関係よりも「社会」との関係、あるいは「世間」との関係を重視することになります。なぜなら、二人の情緒的関係は「私的」な事柄に分類され、むしろ世間一般の「夫」役割や「妻」役割に合致するか否かの「公的」な判断基準が優先されがちになるからです。公私の区別を明確にするべきとの「世間的判断基準」からすれば、私的領域に「仕分け」される夫婦の情緒的関係は無視されがちです。とりわけ、妻が専業主婦であれば、夫婦間の情緒的関係に問題を感じていても、それを夫に対して表明する機会は少ないのが一般的かもしれません。また、まったく別の今日的な文脈からですが、夫婦間の情緒的関係は「プライバシー」にかかわるものであり、個人情報保護の観点から、外部に一切開示すべきでないと夫が主張し、妻はそれに従わざるを得ない状況も生じています。

この傾向を反映し、最近ではわが国でも妻が夫からの暴力に苦しむ、いわゆる「ＤＶ問題」が表面化することが多くなってきました。夫が夫婦間の問題を外部にもち出させない傾向が強いことは当然予測されることですが、妻自身も自分たちの問題を外部の相談機関にもち込むことをためらうことは少なくないようです。「家の恥を外にもち出すべきでない」という、戦前からの暗黙の「世間的常識」は、日本の夫婦にとっていまだに強い影響力を保持していると考えられます。しかし、妻が心身ともに傷つく状況が許されて良いはずはありません。当面の応急処置としては、妻を「シェルター」に収容することによって対処できたにしても、本質的な情緒的関係の改善が達成できなければ、再発を効果的に防止することはできません。そこで、夫婦間の情緒的関係が深刻な状況に陥る前に、外部の相談機関に夫婦が出向き、第三者をまじえて問題解決に当たることが必要になってきます。

夫婦関係の発達

夫婦関係の内実は「私的」なもので、他人がむやみに踏み込むべきでないことは当然です。結婚も同じことだとみなされがちですが、その「公的」な側面については考慮すべきことがあります。結婚は、私的であると同時に公的な意味合いをもつ「社会との関係」の成立を意味します。夫婦が居住する自治体へ結婚届を提出することによって、その二人が婚姻関係にあることが公的に承認されます。この法的な手続きが完了した後については、公的機関が夫婦の関係に介入することはありませんが、夫婦自体は社会とのさまざまなかかわりのなかで、「夫」、あるいは「妻」としての役割期待に応えることになります。問題は、それらの役割期待を夫婦の双方がどのように認知しているかの内実や、そこで生じる「ズレ」や「不一致」です。

まず、妻と夫の双方が自らの妻役割、あるいは夫役割をどのように理解し、認知しているかが問われます。結婚という「家族システム」を運営していくうえでの、配偶者双方の役割に関する「自己認知」の問題と言い換えることもできます。さらに、双方が互いにどのような「役割期待」をもっているかも重要な要因となります。結婚した時点で、夫婦の双方が役割についての正確な自己認知や適切な役割期待を共有できている場合も少なくないはずです。両者が結婚に合意したことそれ自体が、それを保証しているとみなすこともできなくはありません。しかし、結婚の現実がそのような理想論で片付けられないことも、専門家の研究から明らかになっています。

そのような結婚の意外な実相をわれわれに知らせてくれた人物は、人類学者のヘレン・E・フィッシャー（Helen E. Fisher）でした。彼女は国連統計を元に、一九四七年以降の世界六二カ国の離婚の時期のピークを調べました。その結果、もっとも離婚が多いのは、結婚四年目であることに気づいたのです（H・フィッシャー、一九九三）。つまり、離婚の危機がもっとも高いのは、新婚間もない数年間だということです。逆にこの最初の危機を乗り換え、夫婦双方が互いの役割についての自己認知を共有し、役割期待を状況に応じて修正・調整していくことができれば、離婚の可能性は減少していくと考えられます。この事実から、蜜月期の幸福感や期待感が一段落した、いわゆる「ポスト・ハネムーン期」に、夫婦が自らの「夫婦システム」の運用の仕方について、点検作業を行なうことが有益だと考えられます。もっとも、このような発想をしてしまうと、結婚にまつわる神聖でロマンティックなイメージが損なわれると懸念する読者も少なくないことでしょう。

しかし、結婚のスタートを象徴する結婚式が、いかに晴れやかで非日常的な出来事であったとしても、結婚によって始まる夫婦関係は、日常生活での些事に及ぶ具体的な行動や喜怒哀楽に彩られた情緒的経験の積み重ねによって徐々に発達していくものです。その土台を形成する結婚初期の二～三年間は、夫婦が結婚に至るまでに原家族（実家）との関係を通して半ば無意識的に（あるいは意識的に）身につけてきた夫役割や妻役割の「イメージ」を相互に交換し合い、調整を図る時期なのです。この点検作業の具体的な方法については、いわゆる「マニュアル」は存在しないと考えてよいでしょう。かつては、わが国にも「花嫁修業」などという言葉とともに、妻役割に関する準備教育のプログラムが存在しましたが、夫役割については、あまり組織だったものはなく、もっぱら新婦の側の自覚に委ねられていたのです。

戦後の高度成長期の日本を支えた企業社会システムを根底で支えてきたのが、性別役割分業体制であり、その大部分を構成する従業員家族の典型的な夫婦システムは、「専業社員」の役割を担う夫と「専業主婦」の役割を担う妻の組み合わせでした。会社で仕事に専念するのが、よき夫の役割であり、家庭で家事・育児に専念するのがよき妻の役割であることが、日本社会全体で合意されていた事柄だったのです。したがって、個々の夫婦がいちいち、家庭での役割分担に頭を悩ますことも少なかったのでしょう。「そんな無駄なことを考える暇があるなら、黙って働け」というようなセリフが、高度経済成長期の大多数の日本人の本音だったのではないでしょうか。

少子高齢化や人口減社会の進展と共に、夫婦が、互いの役割期待にどのように応えられているか否か、互いをどのように感じているか、さらには愛しているか否か、これらの問いに真摯に向き合わざるを得ない場面が多くなっています。現在では、日本の夫婦システムの発達過程は、平均して四〇年にも及ぶようになっています。その前半は子育てが夫婦にとっての大きな課題となることはいうまでもありません。子どもの発達過程における課題達成と危機に適切に対処することは、夫婦双方にとって大切な「親役割」の課題となっていきます。子育ての問題は、結婚初期の夫婦にとって重要であるばかりでなく、中年期や初老期、あるいは老年期の夫婦に至るまで、さまざまに形を変えて継続していくもののようです。

最近の傾向としては、四〇歳前後で長期の引きこもり状態に陥っている息子や娘の問題を主訴として相談機関を訪れる七〇歳代の高齢夫婦が登場しつつあります。この場合は、高齢の夫婦にとっての成人した子どもの「子育て」の問題ですが、なかには孫の心理的な問題で悩む息子、あるいは娘を心配して来談する高齢の夫婦（祖父母）もいます。このような三世代家族は、必ずしも戦前のように同居しているとは限りません。しかしながら、心理的な問題の解決にあたっては、三世代家族としてのシステム特性に十分に配慮した臨床的な取り組みが求められます。いずれにしても、少子高齢化社会での子育ての問題は「妻の課題」に限定することは許されず、明確に「夫婦の課題」に移行する体制の整備を急ぐ必要性が増しているようです。

残念ながら、日本社会にはその試みを阻む根深い社会的、あるいは文化的障壁が残存していると考えられます。この観点からすれば、文明開化を急ぐ明治の時代を生きた漱石は、自らの人生を通して、この強固な障壁に体当たりしていった人物だったのではないでしょうか。次節以降は、近代家族の先駆けともみなされる漱石と鏡子の「夫婦システム」を事例として取り上げ、その発達過程の道筋を辿っていくことにします。

二、単身赴任と夫婦システム

新婚期の漱石夫婦

有名な禅の公案に「父母未生以前本来の面目」という難問があります。まだ独身であった漱石も、鎌倉の円覚寺に参禅した時に禅僧の宗演からこの公案を与えられています。この問題は、「父」と「母」という相対性をのりこえて、本来の自己を直感的に体験させるための公案とされています。きわめて簡潔な「問い」でありながら、容易に応えることのできない内容を含んでいます。また、現代の家族心理学における「難問」（アポリア）とみなすことさえできるのです。直接には表現されていませんが、この問題には「多世代システム」の形成過程という文脈が埋め込まれています。

この公案の文言のなかに、「特定個人＝自己の父親と母親が生まれる以前」という世代にかかわる時間的枠組みが設定されたことによって、両親のそれぞれの両親、つまり、二組の祖父母がおのおのの機縁で出会い、そして夫婦となった時点、さらにそれ以前の世代（祖先）まで遡ることを「想定」することになります。現代の家族心理学に照らせば「多世代システム」や「多世代の文脈」といった用語で表現される時間的枠組みでもあります。「父母未生以前」という、わずか六文字の漢字に、家族にかかわる多層的な時間の枠組みが圧縮され、詰め込まれているのです。やがて、一方の夫婦に娘が生まれ、他方の夫婦に息子が生まれます。その後、さらに偶然や必然が重なり、この男女が夫婦となります。やがて、この夫婦に子どもが生まれ、そして成長した後に、ある日参禅し、この公案を与えられ、自らの「本来の面目」を問われる次第となるのです。

この公案に対する漱石の回答は、師家である宗演から却下され、抱えていた「神経衰弱」の苦しみからも脱することはできませんでした。参禅は、見事失敗したのです。帝大の大学院を修了したものの、目標とする文学で身を立てる状況にはなく、東京高等師範学校の英語教師をしていた漱石が、突然、四国松山の中学の英語教師として赴任することになります。この頃には、年齢も二八歳となっていて、周囲から見合い話がもち込まれるようになっていました。東京から松山の漱石の下宿に届いた郵便のなかには、貴族院書記官長をつとめる中根重一の娘・中根鏡子の写真もありました。一方、中根家へも漱石の写真が届き、鏡子は、その印象を「上品でゆったりしていて、いかにもおだやかなしっかりした顔立ちで、ほかのをどっさりみてきた目には、ことのほか好もしく思われました」（『漱石の思い出』二回）と語っています。

その年の一二月に二人ははじめて対面しました。その時の鏡子の印象を、漱石は兄たちに、「歯並びが悪いのに、それを強いて隠そうともせず平気でいるところが大変気に入った」と語ったそうです。や風変わりな目の付け方ともいえますが、鏡子の鷹揚《おうよう》な性質を一目で見抜いたといえるかもしれません。年が明けて、まだ実家に帰省中だった漱石は見合いをしたばかりの中根家の新年会に遊びに出かけます。これも偶然でしょうが、夏目家と中根家とは目と鼻の先ほどのご近所だったのです。漱石もカルタなどを楽しんだようですが、福引の景品は絹のみすぼらしい帯締めだったそうです。鏡子は母親の勧めで、自分が引き当てた男物のハンカチと漱石の紐を交換しました。そのハンカチには、「国の光」という文字が染め抜いてあったそうです。夫の死後に刊行した回想記では、「あの人の文運がひらけて、今では一つの国の光（傍点は筆者）になったことの運命を、僭越ながらなんだかその時に私の手で暗示したように感じられもするのであります」と述べています。

この鏡子の言説を家族システム論の枠組みから読み直せば、妻による「夫婦システム」の自己記述とみなすことができるかもしれません。新妻は、見合い直後の時点で、実母とともに新郎となる男性の運命の一端を握り、夫婦システムの基盤を明確な意図と共に形成する準備を整えていたのです。漱石がのちに「国民作家」と呼ばれるようになった原点の一つが、ここにあったのかもしれません。もっとも、漱石自身は、「あの時は紐のほうがよっぽどよかった。あのハンカチじゃしかたがない。おおかた、兄貴の子供のおしめにでもしただろう」と、悪口を言っていたそうです。このあたりの夫婦双方のズレ加減も、現代のナラティヴ・アプローチの観点からすれば注目に値します。つまり、妻のナラティヴ（語り口）と夫のそれが、大きく食い違うという話です。

翌年の六月に、二人は熊本で結婚式をあげ、新婚生活を始めました。鏡子は東京の実家を遠く離れて、はじめての土地でなじみがない上に、周囲に知り合いがいるわけでもなく、買い物にしても勝手が分からずに困ることが多かったようです。結婚式にしても、急ごしらえのために、三々九度で使う三つ組の盃の一つが足りなかったにもかかわらず、それでも新郎の漱石は平気で済ませてしまったそうです。新婦の鏡子にしてみれば、晴れの舞台が「裏長屋式の珍な結婚」（鏡子自身の表現）だったことへの不満が残っていたはずです。後年、漱石夫婦が仲人になった知人の妹の結婚式の後で、鏡子が知人とこの欠けた盃の思い出話をしているのを傍できいていた漱石が、

「その三つ組みの盃が二つしかなかったって話はいったいだれの話だい」と、口をはさみました。夫があまりとぼけているので、妻の鏡子は少しきつい口調で、「私たちの話ですよ」と、切り返したそうです。

「そうかい、けしからん話だと思ってきいていたら、俺たちのことか。道理で喧嘩ばかりしていて、とかく夫婦仲が円満に行かないわけがわかった」と、おもしろがったそうです。このあたりの漱石夫婦のブラック・ユーモアをにじませた「コミュニケーション・パターン」は、現代の夫婦にもあてはまる部分がありそうです。一方、時代は逆行することになりますが、鏡子が評した「裏長屋式」という形容にもあるように、落語でおなじみの夫婦喧嘩をあけっぴろげに繰り返す江戸時代の裏長屋の夫婦のやり取りにも似ている部分があります。この点では、夫婦ともに寄席好きだったことに注目すべきでしょう。漱石夫婦の会話システムの背後で、寄席の軽やかなお囃子が流れてくる場面を想像してください。少し、気持ちが明るくなるのではないでしょうか。

危機に立つ夫婦

新婦に対して漱石が新婚早々に下した宣告は、「俺は学者で勉強しなければならないのだから、おまえなんかにかまってはいられない。それは承知していてもらいたい」ということだったそうです。おまけに、新婦には朝寝坊という弱点があり、朝早くに起床して、学校に出かけなければならない教師の夫の妻としては、これが大きな困りごととなりました。もちろん、勤勉な性格からおよそ遅刻や欠勤することなど考えもしない夫の漱石にとっても、大問題でした。この夫婦は、双方ともに不慣れな土地での新婚生活の基盤を作る初期段階から、早くも「システム障害」の危機に遭遇したのです。新婦は、自分なりに早起きできるように、近くに時計をもってくるなどして対策を講じたのですが、結局睡眠不足から失敗を重ねることになります。また、三〇歳の漱石と二〇歳の鏡子という、一〇歳の年齢差がある夫婦が連れ立って外出すると、教師と女生徒のカップルとしか見られず外聞が悪いことを理由に、新婚当初からいっしょに出歩くこともなかったのです。

こうした悪条件がそろってしまうと、結婚生活のどこかに変調が生じるだろうことは、現代の家族心理学の知見からすれば容易に予知できます。しかし、夫婦システムの複雑性は、人智を超えた側面があるようです。漱石夫婦の場合には、悲劇に向かう兆候と同時に、喜劇的要素も混じっているからです。たとえば、寝不足から失敗を繰り返す妻を、夫の漱石は、「おまえはオタンチンノパレオラガスだよ」とよくからかったそうです。妻は、その横文字らしき言葉の意味が分からず、心を許せるようになった訪問客を捕まえては尋ねてみるものの、誰も笑って教える者がなかったそうです。実は、この件は、数年後に漱石の処女作となるユーモア小説『吾輩は猫である』の五章で、「苦沙弥先生」と細君とのあいだで交わされる掛け合いとして採録されているのです。ちなみに、「パレオラガス」とは、最後の東ローマ帝国の皇帝の名前であり、「オタンチン」は江戸時代の戯作文学でおなじみの戯言です。その組み合わせが論理的には飛躍しているものの、語呂合わせとしては理屈抜きにおもしろいことを否定できません。この会話での掛け合いの背景として、漱石夫婦が二人とも寄席好きだったことを忘れてはならないでしょう。夫婦システムの破綻につながる病理的側面ばかりでなく、その維持の源泉ともなりうる健康な側面にも目を向けるべきです。漱石夫婦は、新婚期の危機の渦中にあって、その知恵の一端をそれと知らず、つかんでいたのかもしれません。

とにもかくにも、漱石夫婦の関係は次の発達段階へと進んでいきます。鏡子はまもなく妊娠しますが流産し、ヒステリー（当時の病名で現在では使われない）がひどくなっていきました。次の妊娠時のつわりも重かったことが、回想に記されています。

この秋私は妊娠しておりまして、猛烈な悪阻《つわり》になやまされ続けました。それは九月から始まって十一月まで続き、いちばんひどかった時などには、食い物や薬はおろか、水さえ咽喉《のど》に通らなかったくらいで、衰弱は日ましに加わりますし、かといっていまさら手術もできず、運を天にまかせてといったぐあいに、ようやく滋養浣腸《かんちょう》ぐらいで命をつないでいたわけでした。

（『漱石の思い出』十）

回想記には書かれていないことですが、つわりがひどかったこの時期に鏡子のヒステリーが烈《はげ》しくなり、増水した白川に身投げする事件が起こっています。この時は、漁師に助けられて一命を取り留めることができたのですが、再発を恐れた漱石は、しばらく夜寝る時には妻と自分の帯を紐で結んでいたそうです。ただし、長女が生まれる前年に起きたこの事件については、夫婦ともに詳しく書き記したものは残していません（三章で扱う『道草』のなかでは、その場面がリアルに写生されています）。それだけ、事態が深刻であったことを物語っているといえるでしょう。新婦の流産や重いつわりの症状は、出産に伴う身体的変調とみるのが普通の理解ですが、夫婦関係がうまくいっていないことから生じる心理的ストレスの影響も否定できません。ともかく、文字通りの「産みの苦しみ」を経て娘を授かった漱石は、その子に「筆子」と命名し、たいそうかわいがったようです。まさに「かすがい」となった子どもの誕生によって、夫婦の当面の危機は回避されたのです。

夫婦にとっての離別体験

結婚後四年目にして、漱石夫婦は別居や離婚とは異なる「離別」、つまり夫である漱石の英国への単身赴任に伴う離別体験をしています。前節でも述べたように、夫婦関係の発達過程を重視する立場からすれば、この二年間の離別体験は、夫婦双方に重大な危機的状況を生み出しました。夫の漱石の精神状態は不安定となり、留学を機にめざしていた英文学での大望達成についても迷いが出てきました。その揺らぐ心境は、留守宅の鏡子に宛てた手紙にも記されています。

近頃は文学書は嫌になり候　科学上の書物を読み居候　当地にて材料を集め帰朝後一巻の著書を致す積りなれどおれの事だからあてにはならない　只今本を読んで居ると切角自分の考へた事がみんな書いてあった　忌々《いまいま》しい

（『夏目漱石の手紙』86頁　九月二十二日鏡子宛て書簡）

漱石も、自分が「神経病」になりつつあるのではないかと心配を募らせ、その事を日記に記しています。

近頃非常に不愉快なり　くだらぬ事が気にかかる　神経病かと怪まる、然一方では非常にヅーヅー敷処がある、妙だ　洒々落々光風霽月とは中々ゆかん　駄目ダメ

（『心を癒す漱石からの手紙』）

漱石は帰国するまでの二年間に妻の鏡子宛に計二二通の手紙を出しています。平均すれば一月に一通の頻度ですが、家族と離れてまだ間もない時期には、妻に宛てた次のような長い手紙（一部略）を綴っています（矢島、一九九九）。

その後は如何御暮し成され候や、朝夕案じ暮し居候。まず以《もっ》て皆々様御丈夫の事と存候。其許《そこもと》も御壮健にて今頃は定めし御安産の事と存候。此方も無事にて日々勉強に余念なく候。御懸念あるまじく候。小児出産前後は取分け御注意然《しか》るべくと存候。当地冬の季候極めてあしく、霧ふかきときは濛々《もうもう》として月夜よりもくらく不愉快千万に候。はやく日本に帰りて光風霽月《せいげつ》と青天白日を見たく候。当地日本人はあまた之《これ》あり候へども交際すれば時間も損あり且《かつ》金力にも関する故、なるべく独居読書にふけり居候。幸ひ着以後一回も風をひかず何より難有《ありがたく》候。近頃少々腹工合《ぐあい》あしく候へども、是とても別段の事には之なく、どうか留学中には病気にかゝるまじくと祈願致居候。

（中略）

筆は定めし成人致し候事と存候。時々は模様御知らせ下さるべく候。少し歩行《ある》く様になると危険なものに候。けがなき様御注意下さるべく候。

……手紙も再々上げたいが時を使ふのが惜いからあまり書かない。その積りで居て下さい。御手紙はいつでも公使館宛で御出なさるべく、下宿は只今の処より移らぬ積なれど換えぬとも限らぬ事に候。……

余り長くかくと時がつぶれるからこの位にして置く。

三十四年一月二十二日　　金之助

鏡どの

（『心を癒す漱石からの手紙』69～71頁）

この手紙には、慣れない異国での単身生活の不安や戸惑いだけでなく、留守宅に残してきた身重の妻や幼いわが子への思いが率直に記されています。その内容は、夫婦の間に潜む対立の「火種」というより、むしろ外的要因（単身赴任）によって引き裂かれつつある夫婦の「絆」の存在を感じさせるものです。妻の鏡子もごく僅かな生活費を切り詰めながら長女を育て、夫不在のままで次女を出産し、留守宅を必死に守っていたのです。夫の漱石も物価の高いロンドンで生活費の工面に苦労したのは確かですが、留守宅の鏡子の貧乏暮らしはさらに徹底したものだったようです。あいにく、鏡子の父親が書記官長の仕事を辞めざるを得なくなったうえに投資に失敗し、実家を頼ることもできなくなっていました。遠く離れて暮らす夫と妻は、共に窮乏のなかにいたのです。

漱石は五回目の引越しで、ようやく落ち着ける下宿をみつけることができました。その後は、化学者池田菊苗との運命的な出会いで触発された大計画に着手するために、自室に立てこもり、原書を濫読することに集中することになります。日ごとに募る孤独感や不安感、あるいは官費留学生としての重圧に押しつぶされまいと、読書と思索に明け暮れるようになったのです。ロンドン到着後すでに一年を過ぎ、いっそう妻子への思いは強くなるにもかかわらず、鏡子からの手紙はいっこうに届きません。痺れを切らした漱石が、手紙で再三不満を漏らすことを捨て置けなくなった鏡子は一策を講じました。それは、長女の筆子の日記をつけて、それを漱石に送ることにしたのです。そのころのことが、回想記では、以下のように記されています。

筆というのは私どもの長女のことで、毎日床につく前になると、その日その日の日課のつもりで、一日起きてから寝るまでの筆の行動を書きますのです。もちろんはなはだおもしろくもないたあいのない記録で、朝起きてオバサンがどこへ連れて行ってくれたとか、こんなおいたをして遊んでいたとか、泣いたとか笑ったとか歯がどうしたとか、風邪《かぜ》を引いたとか、そんな他人が見たらいっこうつまらないことを根気よく欠かさず書きました。それが一月もたつと相当にたまるので、ロンドンへ送ってやることにいたしましたのです。するとそれはたいそう喜びまして、「筆の日記」が非常におもしろかったと、それからは送るたびに礼をいってくれました。

この日記は一年の余も続いたかと思います。どうしてやめたか私もおぼえておりませんが、いつの間にやら中絶のままになってしまいました。帰朝した時はそれが全部まとまってカバンの中からでて参りましたが、その後どうなったものか今では行くえが知れません。

（『漱石の思い出』十四）

筆不精でもあった鏡子にとって、夫が期待するようにこまめに手紙を書くことはできなくとも、その願いに何とか応えようと知恵をめぐらしたことが分かります。この妻の心の動きは、危機に立つ夫婦システムの命運を予見する上では、重要なポイントになります。幸い、このもくろみは効を奏し、長女の日常の行動を書きとめた、妻の「育児日記」は、孤独にあえぐ夫の胸に明るい光を灯したのでした。

ここから先は私の解釈に過ぎませんが、この妻の育児日記は、異国の夫の心の傷を癒す効能を備えていたように思われます。この日記で描写されている長女の行動は、妻である鏡子の目と手を介して観察され、記憶され、そして文章化されたものです。そのことを夫は追体験することができます。おそらく、夫の脳裏には成長しつつある長女の生き生きとしたイメージが浮かんでいたことと推測されます。同時に、娘のささいな行動をも見逃すまいとする母親としての妻の視線や心の動きを追体験できたかもしれません。少なくとも、そうしようと努めたのではないでしょうか。さらに言えば、漱石自身の実母の視線とも重なっていたかもしれません。捨て子同然の扱いをされ、温かい母の胸や母乳の甘みを知らずに育った漱石にとって、「母」そのものになりきっていくわが妻と、その愛に包まれるわが子の幸せな交流の記録を読めたことは、何よりの慰めとなったことでしょう。

妻から届いた「筆の日記」を食い入るように見つめながら、漱石は「夫」であり、「父親」となった自分の存在意義をどこに求めればよいのか、必死に考えぬいたに違いないと思います。留学生活の後半は、人目にはまさに「狂った」ようにしかみえないほど、自室に閉じこもって読書と思索に没頭しました。その難行・苦行のなかから、漱石は徐々に「人生の目標」を打ち立て始めます。その大計画を書簡で打ち明けた相手は、自分を見込んでくれた岳父（鏡子の父）でした。

私も当地着後（去年八九月頃より）一著述を思ひ立ち目下日夜読書とノートをとると自己の考を少し宛《あて》かくのとを商買に致候。同じ書を著はすなら西洋人の糟粕《そうはく》では詰まらない、人に見せても一通はづかしからぬ書をと存じ励精致居候《いたしおりそうろう》。然《しか》し問題が如何にも大問題故《ゆえ》わるくすると流れるかと存候。よし首尾よく出来上り候とも、二年や三年ではとても成就仕る間敷かと存候。出来上らぬ今日わが著書抔《など》事々敷《ことごとしく》吹聴致候は生れぬ赤子に名前をつけて騒ぐ様なものに候へども、序故《ついでゆえ》一応申上候。先づ小生の考にては「世界を如何に観るべきやと云ふ論より始め夫《それ》より人生を如何に解釈すべきやの問題に移り夫《それ》より人生の意義目的及びその活力の変化を論じ次に開化の如何なる者なるやを論じ開化を構造する諸原素を解剖しその聯合《れんごう》して発展する方向よりして文芸の開化に及す影響及その何物なるかを論ず」る積りに候。斯様《かよう》な大きな事故《ことゆえ》哲学にも歴史にも政治にも心理にも生物学にも進化論にも関係致候故、自分ながらその大胆なるにあきれ候事も之あり候へども思ひ立候事故行くところ迄行く積に候。斯様な決心を致候……

（『夏目漱石の手紙』一九〇二年三月十五日付けの鏡子の父への書簡）

この手紙では、漱石がまだ着手もしていない自著のことを、「生まれぬ赤子」になぞらえていることが注目されます。そこには、長女の子育てに加え、一人で次女を産んでくれた妻の苦労に報いようとする漱石の気持ちが込められているようにも受け取れます。だからこそ、学者たる自分としては西洋人の真似事ではない一大著述をなさんと決心しと、大言壮語する気持ちになったのでしょう。同時期の妻宛の手紙でも、ごく簡略な言い回しで、その決意を伝えています。

……近頃は著述を仕様《しよう》と思って大《おおい》に奮発して居る。己の著書だからどうせ売れる様なものではない。又出来上るとも保証出来ん。先々ゆっくりかまへてやる。……

（『夏目漱石の手紙』一九〇二年三月十八日付けの鏡子への書簡）

破綻寸前とも見えたぎりぎりの精神状態に追い込まれながら、妻の機転の利いた「筆（子）の日記」作戦によって、夫漱石は見事に蘇ったのです。かくして、夫婦システムの初期発達段階における最大の危機は、どうやら回避されました。漱石夫婦は、朝型の夫と夜型の妻のカップルがかかえる共通の悩みを抱えていたといえます。両者の生活リズムの不一致は、いわば「システム障害」でもあり、夫婦間の不和の大きな要因になりがちです。たとえば、夫婦の一方のみが早起きでジョギングを趣味としているような場合には、離婚率が高いというような調査結果も出されているほどです。漱石夫婦の場合も、その危険性はかなり高かったにもかかわらず、夫の弱みを熟知した妻の深謀遠慮《しんぼうえんりょ》が、夫婦システムの破綻を救ったといえます。それこそが、一一年間で男女七人の子どもを生み出した夫婦システム（夫婦の絆）の知られざる強みだったのかもしれません。

二、子育て期の夫婦システム

性別役割分業と子育て

漱石夫婦の時代からおよそ半世紀後に全土が敗戦によって焦土と化し、さらに半世紀以上の年月を経た現在も、日本社会では依然として性別役割分業体制が強固に維持されています。とりわけ、子育てにおける母親の専業体制には、さほどの変化は生じていないようです。

戦後の第一世代の父親（団塊世代を生み出した世代）は、戦中までの家父長制の撤廃により、家長としての束縛やしがらみから解放されました。彼らは貧しいながらも、もっぱら「会社」ないし「職場組織」に忠誠を尽くすことで、日本経済の高度成長に貢献する「夢」に向かってまい進できたのです。一方、専業主婦の母親は子どもの教育に全精力を注ぐことによって明確な分業体制を固め、家庭内を、いわば「実効支配」するようになったと考えられます。

社会全体で作り上げた「性別役割分業体制」の合理性は、日本の夫婦システムの「基本的パラダイム」となり、長く有効性を保ってきたといえます。しかし、ほぼ半世紀を経て、その有効性にも陰りが見えてきたようです。実質的に母親のみによって担われてきた日本の子育てに、少なからぬ障害が現れ始めました。その端的な例が「児童虐待」であり、その予備軍としての「子育て不安」の頻発です。

現状の対策のほとんどは、やはり母親個人を対象としており、子育ての共同責任体制としての「夫婦システム」を直接に対象とする施策は、残念ながら皆無に近い状況です。この点では、男女共同参画社会の実現をめざす観点から、内閣府が「子育て支援」と「ワークライフ・バランスの推進」を合体させた施策を試行しつつあることは注目されます（内閣府、二〇一〇）。

私は、三〇年前に家族療法の実践をはじめてまもなく予防教育の重要性を認識するようになり、「家族機能活性化プログラム」と名づけた体験学習プログラムを開発しました。この体験学習プログラムは、親子ともに参加できることを前提としていました。しかし、実際には家族全員を集めること自体が容易でない現実に直面しました。そこで、まず子育て期の夫婦を対象とする取り組みを全国に広げようと試みたのですが、これも「夫婦」での参加が困難であることを思い知らされました。残ったのは、各地の教育委員会主催による母親や教育関係者を対象とした家庭教育プログラムの展開でした（亀口、二〇〇六）。

三〇年という年月をかけて私が学んだことは、「日本の子育ては母親に丸投げされている」という動かざる現実でした。「子育て」という、一国の命運にもかかわる重要な課題の根幹部分で、わが国は「男女共同参画社会」という国家目標には遠く及ばない現状に置かれています。とはいえ、少子化の進行と人口減社会の到来によって、子育ての現状をこのまま放置できないとする危機意識が、若い父親の内面で高まっていることも事実です。そこで私も再度、子育て期の「夫婦」を対象とする予防教育プログラムを全国的に展開する試みに挑戦したいと考えるようになりました。その手始めとして、核家族の夫婦の子育てにおける役割分担の深層構造を、その源流にまで遡って解明することが必要だと考えるに至ったのです。ここでは、明治以降の日本近代化の象徴的存在ともいえる漱石とその妻鏡子の夫婦をモデルとして、その子育てにおける役割分担の深層構造を家族システム論の視点から再考します。

漱石の妻鏡子は、これまで一般には「悪妻」として知られてきました。弟子のなかには、漱石の胃病が悪化したのは鏡子の所為だ、あるいは、彼女が死後に夫の解剖を依頼したのは、夫に脳の異常があったことを証明することが目的で、本人の責任逃れのためだ、などと公言する者もいます。漱石の死後に出版されたおびただしい漱石本のなかにも、そのような見解がたびたび引用されています。漱石の令名が高まるのと比例するかのように「鏡子悪妻説」が定着し、今では周知の伝説となりつつあります。私は、この悪妻伝説の成立過程のなかにも、日本社会特有の深層構造が大きな影響を及ぼしているのではないかと見ています。日本の夫婦システムが、戦後六〇年に及ぶ欧米化の波にも屈することなく、その独自性を維持し続けているのは、そのためでないかとさえ思うのです。

悪妻と対比される理想的な妻は、「良妻賢母」という言葉で表現されることが通り相場です。だとすれば、悪妻の鏡子は、同時に「愚母」でもあろうかという話になります。しかし、ただちにそのように決め付けることはできないようです。つまり、この面では、鏡子が母親としても愚かであったという証言は、あまり見付からないからです。偉大な師匠の妻としての鏡子に不満をもつ弟子たちも、この点にはあまり関心を向けなかったのかもしれません。あるいは、母親としての鏡子の言動には注意を向けることもなく、不問に付していたのかもしれません。鏡子も、妻としての評価よりは母親としての役割意識が強かったとすれば、子育てに専心することで、自らの存在意義や自尊心を保つことができたのかもしれません。まさに、「母は強し」だったのでしょう。

子どもの教育

子育ての主要な課題として、子どもにどのような教育を受けさせるか、より具体的にはどのような学校に行かせるか、ということは、明治以降の近代化における国家的課題とも一致したものでした。敗戦後も同様に、アメリカを主体とする占領政策に基づいた学校教育の再建と戦後の核家族の教育課題は、表裏一体で進行していきました。九〇年代初頭に起きたバブル経済崩壊とその後の「失われた一〇年」は、日本人の素朴な成長神話を打ち砕きました。しかし、個々の家族にとっては、あっさり「学歴信仰」を捨てることもできなかったのです。経済状況が厳しいなかだからこそ、子どもに将来安定した生活の基盤を確保させるためには、高学歴を身につけさせ、競争力のある大きな会社に就職するか、もしくは医師や弁護士などの高度専門職への道が開けるようにしてやることが親の務めだと考えることは、ごく自然なことでもあります。その結果、経済成長の鈍化にもかかわらず、親の学歴信仰は廃ることなく続いているとみてよいでしょう。

ただし、現代の子どもにとっては、親が抱いているほど学歴をありがたいものだと信じきることは難しいようです。そこには、さまざまな要因が絡んでいますが、少なくとも、かつての子どものように「勉強して良い成績をとって、良い学校に入れれば、将来は豊かな生活ができる」という、単純明快な夢をもち続けることは、難しくなっています。したがって、睡眠を削ってでも受験勉強するような傾向はなくなり、さらには本を読むことも少なくなってきています。そこには、親が金を出してくれさえすれば手に入れられるゲームやアニメなど子どもの興味を引く新製品が、多量に提供されるようになったことも影響しているようです。製品を供給する産業の側でも、顧客としての子どものニーズを考慮しない新製品開発では成功はおぼつかないので、子どもの購買意欲をそそるような工夫を重ねることになります。

たとえ、子どもが賢く遠い先のことを考えて、目の前の辛い勉強に励もうとしても、市中にあふれる強力な宣伝媒体を通じて送り込まれる新製品の魅力に打ち勝つことは、至難のわざといえるかもしれません。そこで、学歴信仰をもち続けている多くの親が、子ども任せにできないと考え、受験産業や専門家の力を借りてでも、子どもの勉学意欲を高め、どうにか高学歴の道を歩ませようとすることは、自然の成り行きといえます。

その親の願い通りに優等生が育ち、「子育て」が一段落したと感じられるのが、小学校の中学年で一〇歳前後の時期です。それまで専業主婦であった母親が職場への復帰を考えたり、あるいはパートに出始めたりすることが多いようです。これも、専業主婦となった妻のたどる人生のシナリオとしては、ごく自然な流れでしょう。この頃には、結婚後の夫婦システムの平均的な発達過程としては、一〇数年を経過していることになります。どのように安定的に運用されている「システム」であっても、運用開始後一〇年以上が経過すれば、何らかの見直しが必要になることについては、特段の説明はいらないはずです。

しかし不思議なことに、結婚というシステム、もしくは「夫婦システム」については、そのような見直し作業が必要だと、一般的に認識されているとはいえません。われわれは、なぜか通常はそのようには考えないもののようです。止むを得ず考え始めるとすれば、それは家庭内に何かしらの問題が発生した「非常時」ということになります。優等生の良い子が急に学校に行かなくなるような事態は、この「非常時」の典型例ではないでしょうか。それまで、「良い子」として成長していくわが子の姿を楽しみにしてきた母親にとって見れば、わが子が不登校状態に陥ることなど、青天の霹靂と感じて、心理的に不安定になるのも無理のないことです。

現代では、不登校問題が発生すると、母親の多くが相談機関を訪れてカウンセラーに悩みを打ち明けるようになっています。生徒自身もカウンセリングを希望する場合には、「母子並行面接」という形で、両者がそれぞれ個別にカウンセリングを受けることも可能になっています。労働環境に恵まれた場合では、父親が職場から紹介された産業カウンセラーや臨床心理士に子どもの不登校について相談することも可能です。不登校問題の発生とともに、親子三人が並行する形で、心の悩みを専門家に打ち明ける構図が定着しつつあるのです。表現を変えれば、子どもの教育をめぐって「一家に三人のカウンセラー」が必要な時代になりつつあるということかもしれません。

日本の社会全体に視野を広げて不登校問題を捉えれば、小学校と中学校だけでも一二万人を超す不登校の生徒がいます。その生徒と保護者の悩みに適切に対処するために、この対応策を当てはめるとすれば、単純計算で延四〇万人近いカウンセラーが必要ということになります。もし、これを公費負担することになれば、さらに多額の税金を投入せざるを得なくなります。すでに危険水域に達しているとされるわが国の国家財政からすれば、とても現実的な話とはいえません。では、どのような対応が現実的といえるのでしょうか。

結論を先に言えば、家族を丸ごとで支援する体制の充実が急がれるということです。そこで、有効な視点がシステム論を基盤とする家族療法的アプローチなのです。私は家族療法の立場に立つ臨床心理士・家族心理士として、これまで三〇年以上にわたって不登校や引きこもりの子どもとその親を対象とするカウンセリングを続けてきました。その臨床実践の体験から、家族が同席する心理面接を継続することによって不登校問題を早期に解決に導くことができると確信するようになりました。しかし、この確信を日本全体に広げるには、まだ至っていません。

家庭教育と夫婦システム

子育ての問題を深く掘り下げて考えるにあたって、「夫婦システム」という耳慣れない用語が役に立つという前提で話を進めてきました。不登校などの現代的な教育をめぐる問題でも、同じであることを理解していただけたものと思います。子どもの教育の出発点を考えると、就学前の家庭での主に身辺自立を促す躾け教育、あるいは就学後の学校教育を補完する形での家庭教育のいずれにおいても、親や保護者の役割はけっして小さくありません。私は、子育ての目標は、子どもが家庭教育と学校教育の両面によって支えられ、人間としての成長を遂げられるように見守ることだと考えています。したがって、人間教育としての家庭教育における親の役割は、生きている限り続くものと理解しています。生涯続くマラソンのようなものですから、これを妻の専業的課題にしてしまうことには、無理があるのではないでしょうか。夫婦それぞれさまざまな事情があったにしても、双方の人生における「ライフワーク」として必須のテーマであるに違いありません。

そこで、家庭教育を担う両親の役割分担という観点から、子育て期における夫婦システムの発達過程をみていくことにします。幼児期から始まる家庭教育は、これまではもっぱら母親の役割とみなされてきたために、それを夫婦で分担するという発想そのものが、奇異な印象を与えるかもしれません。とりわけ、妻が専業主婦である場合を想定すれば、仕事で忙しい夫が家庭教育を分担する余裕や必要がどこにあるのかといぶかしく感じる方もいることでしょう。それこそ、専業主婦の妻が、多忙な夫に子どもの家庭教育の一部を分担させようとすること自体が、「悪妻」であることの証明になるのかもしれません。

先にも述べた、わが国の強固な性別役割分業体制の枠組みのなかでは、家庭教育はあっさり妻担当に「仕分け」され、それが問題視されることもなかったといえます。妻にとっても、自身の有能性や自己効力感を発揮できる役割として、家庭教育を積極的に担うことに異論はなかったかもしれません。この傾向は、別に今に始まったことではなく、ある意味では、日本のみならず、東アジアの儒教文化圏の国ぐにに共通する長い伝統の上に築かれたものであり、容易に変化するものではないかもしれません。日本に限らず、韓国などの大学入試の際に報道される母親たちのわが子への熱狂的な応援風景は、国民的行事ともなっています。しかし、欧米などの他の文化圏では、あまりみられないものです。

この点で、漱石夫婦は通例の日本の夫婦とは違っていたといえます。夫である漱石は、入手できる資料から判断して、実父母からも、また養父母からも教育にかかわる強い影響を受けたとは考えられません。少なくとも、漱石自身は実父から何の期待ももたれなかったと感じていました。九歳で実家に引き取られて数年後に、実母が亡くなったことから、やはり母親主導の格別な教育を与えられた形跡もありません。妻の鏡子は、家庭で自由な育ち方をしており、学校教育は初等教育で終わっています。つまり、夫婦ともに儒教文化圏の特徴である「教育ママ」によって育てられた体験を有していなかったのです。したがって、この夫婦システム自体が、母親が子どもの教育に専念する「内的モデル」をもっていなかったのではないかと推測されます。

別の要因としては、夫が妻よりも一〇歳年長で、しかも帝大出の教師であったことから、子どもの教育に関して、夫が主導権を握ることで意見のくいちがいは生じなかったと考えられます。しかも、男女七人の子どもに恵まれたこともあり、子どもの教育を共通のテーマとすることで、夫婦は相補的な関係を築くチャンスを失わずにすんだのかもしれません。まさに「子はかすがい」であり、この「夫婦システム」の発達過程は、度重なる危機のたびに産み出された七つのかすがいによって、そのつど逆に補強され、絆を深めていったものと思われます。

この子育て期の夫婦システムの発達過程を現代日本に当てはめて一般化できないのは、いうまでもありません。今時、七人の子どもを育てる夫婦は、稀有に近い存在だからです。しかし、教育される側の子どもの視点に立てば、次のように考えることもできるのではないでしょうか。つまり、現代の大多数の家庭の子どもは、漱石の七人の子どもたちとは異なり、少子化の傾向を反映して、一人か二人で両親の「かすがい」の役割を果たさなければならないのです。もし、現代の家庭で、夫婦の教育方針が一貫していなければ、その「ズレ」を補うために、子どもがはらわねばならない「かすがい」の役割にかかる心理的負荷（ストレス）は、相当なものになることでしょう。親が「躾」を言い訳にもち出す児童虐待の事例は、その典型例と理解することができるかもしれません。

四、人生の転機と夫婦システム

職業生活と夫婦システム

子どもがいない場合も含め、夫婦システムにとって、職業生活と家庭生活のバランスをどのように調整するかについての話し合いはとても大切です。ところが、現実にはこの話し合いがスムーズに行く保証はありません。一組のカップルが結婚式を挙げ、婚姻届を出すことによって、夫婦システムの存在が社会的に認知されたとしても、その「運用」がうまくいくことまでは保証してもらえるわけではありません。夫婦の「システム」としての運用方法を適切に定めていくためには、カップル自体が日々の家庭生活と職業生活の個々の具体的な場面を通して、独自の「ルール」を作り上げていくことが求められます。家族療法の分野では、これを「家族ルール」と呼んでいます。

家族ルールは、時に意識化されることもありますが、多くは意識下にうずもれています。つまり、日常のルーチンになることで、半ば自動的にことがすすむために、「ルール」そのものの存在をことさらに意識せずともよくなるからです。個人の場合、朝起床して家を出るまでに行なう一連の「日常生活動作」と呼ばれるような定型的な動作については、人は普通であれば特に意識することもなく、何か考え事をしながら、あるいはテレビを観ながらでもこなすことができます。夫婦の場合も、暗黙の了解によって家庭生活を運用していくことができます。極端な例では、夫が帰宅して発する言葉が、「メシ、フロ、ネル」のわずか三語だけで用が足りる「ルール」が通用する夫婦もあるようです。ただし、妻がそれで満足しているとは限りません。夫にそれ以上の言葉を期待する、あるいは要求すれば、夫婦の関係を悪化させる危険性が高いと妻が判断していれば、そのルールは変更されずにもち越されます。この夫婦を外から見れば、「問題のない夫婦」に見えるに違いありません。

しかし、夫婦システムの発達過程と共に、いつかはそのルールを変えざるを得ない時期が訪れてきます。夫婦ごとに、その人生の転機は異なるはずですが、意外にも共通する時期があるようです。その時期は、夫が四〇歳前後になった頃とされています。不思議なことに、日本でも、伝統的に男の「厄年」とされてきた年齢と符合します。夫婦システムの発達過程からみれば、結婚後一〇年以上を経た時期です。この時期は、夫の職業生活での変化が生じやすい時期でもあります。夫の昇進や転勤などによる職場環境の変化は、家庭での夫婦システムに少なからぬ影響を及ぼし、それまでの「暗黙のルール」を継続したくともできない状況が発生することが多くなるからです。そうなると、新たなルール作りのためには、いやでも夫婦が話し合わねばならなくなります。

例外があるにしても、このような話し合いは多くの夫にとって、苦手と感じられるもののようです。会社などでのルール（規約）改定は、それなりの手順に沿って進めればよいのですが、夫婦システムのルール改定については、前例など見つけることは難しいからです。そこで、夫婦は互いに「世間のルール」を準用しようとします。しかし、妻が選択する「世間のルール」と、夫がもち出す「世間のルール」は一致しないもののようです。なぜなら、これまで繰り返し指摘してきた、日本の強固な「性別役割分業体制」になじんできた夫婦にとっては、夫側の「男性用ルール」と妻側の「女性用ルール」が異なるのは、むしろ当然のことであって、相互不可侵を貫くことが賢明な対処策だったからです。卑近なたとえで言えば、男が男性用トイレを使い、女性が女性用トイレを使うのと同じくらい、男女の違いを守ることが「公共のマナー」とされてきた面もあるからです。

夫婦といえども、自分が長年親しんできたジェンダー別のルールを相手から変えさせられることに対しては、抵抗を感じるのは当然かもしれません。男性文化と女性文化の違いを受け入れて、ルール変更を諦めることもありえます。その場合には、別居・離婚の危険性が高まることになるかもしれません。つまり、新たな環境に適合した運用のためのルール変更ができなければ、夫婦システムに深刻な障害が発生するのは避けられないからです。緊急避難としての別居や、離婚のみならず、家庭内離婚に陥っている夫婦も、それに近いのかもしれません。だとすれば、他人事でないと感じる夫婦は、どこにでも居そうです。つまり、他人にはそれと気づかれなくとも、夫婦が互いにシステム運用の不具合を感じながら、ルールの修正に踏み切れずにいる例は珍しくないのです。

現在では、多数派となってきている共働き夫婦では状況が異なると想像されがちですが、仕事をもつ妻も男女の文化差への対応という点では、専業主婦とさほど変わらないのではないでしょうか。もっとも、共働きの妻の場合には、家庭生活内での行為の時間配分が専業主婦のそれとは異なります。その結果、共働きの夫の家庭生活の時間配分は専業主婦の夫のそれと同じでなくなり、共働き夫婦特有のシステムのルールができ上っていることは否定できません。いずれにしても、夫婦が自発的にルール変更に踏み切ることは、実際にはかなり難しい課題であることを、理解していただければと思います。

そこで、逆説的な表現になりますが、夫婦にとっての危機の到来を夫婦システムのルール修正の「チャンス」と捉えることによって、夫婦が抱えてきた積年の問題を解決する糸口を見出すこともできます。夫が勤めていた会社が突然倒産する、あるいはリストラの対象にされるなどの危機でさえ、夫婦が協力して対処策を講じることができれば、思わぬ幸運を呼び込むことにも繋がることさえあるでしょう。私は臨床心理士・家族心理士として、常に「危機こそ好機」という発想を、自らの心理的対処法の根幹に置いています。また、それは自説というレベルを超えた「普遍的真理」であるとも認識しています。

夫婦間コミュニケーションの病理

夫婦の人生の長い道のりでは、危機と好機のいずれもさまざまなきっかけで目の前に登場してきます。それらのなかには、想定可能なものもあれば、またまったく「想定外」のものもあるはずです。とりわけ、想定外の危機に遭遇すれば、それが直接には夫婦のいずれかが蒙ったものであれ、いずれ二人で直面せざるを得ないことは明らかです。その際に、夫婦の間のコミュニケーションがうまくいかなければ、危機への対応に失敗し、さらに悲劇的な状況に追い込まれることも考えられます。

比較的最近、アメリカで行なわれた夫婦間コミュニケーションに関する家族心理学的研究によれば、新婚夫婦が交わした意見の食い違いを示す会話から八二・六％の正確度で、また仲直りを示す会話からは九二・七％の正確度で、四年後の離婚の有無を予知できたそうです。さらに、その判定に要する夫婦間の会話の時間は、わずか三分間だったとも報告されています（Gottman & Levenson, 1999）。人によっては、大地震発生の高い確率より、もっと怖いと感じるかもしれません。ごく普通の日本の夫婦であれば、まず自分たち夫婦の離婚の確率が何％だろうか、などと冷静に考えること自体がありそうにないからです。なぜ、欧米では、そのような心理学的研究が存在するのでしょうか。一言でいえば、その目的は離婚に至る夫婦間の不和を未然に防ぐ手段を具体的に講じるためです。さらに、その社会的背景としては、離婚に伴うストレスがもたらす家族全員の心身に及ぼす悪影響が問題視されるようになったからです。

離婚は夫婦にとって新たな転機になり得るにしても、その渦中におかれる子どもにとっては、心理的にプラスに作用する可能性は低く、むしろマイナスの影響を被る可能性の方がはるかに高いからです。現実に離婚となると、当該の家族は心理的のみならず、経済面でも多大な損失を被る場合が多く、そのツケが子どもに回される恐れも否定できません。このような理由から、離婚率が急増した七〇年代以降、欧米の家族臨床家や家族研究者は夫婦間コミュニケーションの病理を明らかにすることによって、その改善や予防につながる有力な知見が得られるのではないかと、期待するようになったのです。

ここで話の舞台を、再び百年前の明治時代の漱石の自宅に戻します。ただし、主題は「夫婦間コミュニケーションの病理」のままとします。その意図は、現代の「家族コミュニケーション」や「夫婦間コミュニケーション」の観点から、夫の漱石と妻の鏡子の間の夫婦間コミュニケーションの病理性がどのようなものであったかを、事例検討することにあります。すでに伝説化している複数のエピソードからすれば、漱石夫婦のコミュニケーションには、かなりの問題があったようです。したがって、その病理性は重く、論理的に考えれば、離婚の可能性が高かったと判断することもできるはずです。実際には二人は離婚せず、夫の病死によって、この夫婦システムは停止しました。漱石が、もう少し長く生きていれば、離婚の可能性はさらに高まっただろうかなどと、憶測を重ねても意味のないことでしょう。

私の考えにすぎませんが、夫の死後四七年以上も命を永らえた妻の鏡子（昭和三八年没）にとって、夫婦の絆（夫婦システム）は、その心中に深く内在化され、命脈を保ち続けたのではないでしょうか。もちろん、そこに少なからぬ「病理性」があったことは認めざるを得ません。なにしろ、妻が三人目の子どもの妊娠中のつわりで苦しんでいる最中に、夫は精神的に不安定になり、被害妄想にかられて妻に離婚を迫る出来事さえあったのです。妻側の親類も、その状況を心配し、実家に戻ることを積極的に助言する事態にまで発展したようです。実際、二カ月ほど妻は実家に戻って別居生活を余儀なくされたこともあったのです。しかし、その後も夫の精神状態が安定せず、医師の診断でも「精神病」の疑いがあると告げられた後、妻は覚悟を決めたようです。妻の鏡子は、その決意を実母に次のように告げたそうです。

「そんならどうかお帰りになって、皆さんにおっしゃってください。夏目が精神病ときまればなおさらのこと私はこの家をどきません。私が不貞をしたとか何とかいうのではなく、いわば私に落度はないのです。なるほど私一人が実家へ帰ったら、私一人はそれで安全かもしれません。しかし子供や主人はどうなるのです。病気ときまれば、そばにおって及ばずながら看護するのが妻の役目ではありませんか。ただ私だから嫌われている。私さえどいたなら夏目の頭がなおるというのなら、また考えなければなりませんけれど、あの病気では私がどいた、後へ誰か後妻に入ってきたといっても、あんなふうにやられて誰が辛抱しているものですか。きっと一か月の辛抱もできず逃げかえるにちがいありません。どうせこうなったからには私はもうどうなってもようございます。私がここにいれば、嫌われようと打たれようと、ともかくいざという時にはみんなのためになることができるのです。私一人が安全になるばかりに、みんなはどんなに困るかしれやしません。それを思ったら私は一歩もここを動きません。私はどこまでも此家《ここ》にいることにいたしましたから、どうかこの上は何もおっしゃらずにだまって見ていてください。一生病気が直らなければ私は不幸な人間ですし、なおってくれればまた幸福になれるかもしれません。危険だということも万々承知しているから、子供たちなんかも十分注意して行きます。どうかいっさいこのことについては実家の方から指図がましいことをしてくださらないように……」

（『漱石の思い出』二十／傍点は引用者）

これは、まさに圧倒的な迫力をもつ「妻の肉声」です。涙を流しながら実母に決死の覚悟を語る「妻」は、当時まだ二六歳の若さでした。すでに幼い娘二人の母であり、さらに三人目の子どもをお腹に抱えていたのです。その妻子に対して、一〇歳年長で大学教師の夫は理不尽な離縁状を突きつけ、何度となく「出て行け」と、怒鳴りつけていたのです。妻は、孤立無援の状況を耐え忍ぶしかありませんでした。夜間に夫が書斎で不穏な状況に陥り、室内の物品を投げつけたり、壊したりする音を子どもと一緒に隣室でじっと聞いていることもあったようです。朝になって、夫が勤めに出ている合間に、壊されたランプや撒き散らされた火鉢の灰の始末をしていたのは、身重な妻だったのです。現代であれば、「ＤＶ」の判定をせざるを得ない状況かもしれません。ともかく漱石夫婦の「夫婦システム」としての病理性は、重篤であったことは明白です。

なぜ、この夫婦システムは破綻してしまわず、重い病理を抱えながらも存続しえたのでしょうか。事実、関係悪化後も、この夫婦システムは四人の子どもを生み出しています。さらに、夫は身体面でも、胃潰瘍・糖尿病・痔疾等を次々に発症し、晩年には幾度も入院を余儀なくされ、妻はそのつど看護に追われました。しかも、夫の周囲に集まってきた弟子の多くは、妻を「悪妻」と評してはばからなかったのです。「男尊女卑」の気風が色濃く残っていた明治の時代とはいえ、妻に負わされた心理的負担は相当なものであったことが推測されます。このような状況に置かれた妻にとって、何か心の救いとなるようなことはあったのでしょうか。

漱石の知人のなかには精神科医や医師もいて、当時の医療水準からすれば最新の診断・治療を受けることができました。しかし、夫婦の問題に対処する学問的な裏づけのある手法や専門家は、まだ存在していませんでした。苦境に立たされた妻がやむを得ず頼ったのは、近所の「天狗の占い師」でした。夫も、妻が占い師の元へ通うことを苦々しく思いながら、黙認せざるを得なかったのでしょう。また、明治の時代では、そのような民間信仰に頼る対処が一般的だったのです。

夫婦システムの進化

漱石夫婦のような深い病理を抱えた夫婦システムが、その悪条件にもかかわらず破綻することなく、配偶者の死に至るまで持続できた本質的な要因は、どこにあったのでしょうか。さらに、夫婦関係に深刻な病理を抱えていた作家が、なぜ「国民作家」、あるいは「文豪」と呼ばれるまでになり得たのでしょうか。あるいは、われわれ日本人は、なぜそのような人間漱石を受け入れたのでしょうか。まだ解明されていない大きな「謎」といえます。漱石研究で著名な国文学者のなかには、妻の鏡子が悪妻であったことは、むしろ漱石にとっては「幸運」であったという見方をしている人さえいます（駒尺、一九八七）。その理由は、悪妻との絶えざる対決によって漱石の思想は試され、強化され、純化され、補強されたからだというのです。

では悪妻の「レッテル」を貼られた鏡子夫人自身は、何を足がかりとしてこの夫婦システムの病理を生き抜いたのでしょうか。そして、何を手がかりに母親としての重い役割を果たし続けたのでしょうか。このような「問い」は、二一世紀の変動社会を生きねばならない日本の家族にとって貴重な示唆を与えるものと、私は理解しています。これまで、その種の「問い」が日本の心理学ワールドで発せられなかったことも、その問いのなかに含まれています。ともかく事実として、明治一〇年生まれの彼女は八六年の歳月を生き延び、夫の死後も未亡人として六人の子どもを育て上げています。この間には、二度にわたる世界大戦、あるいは関東大震災等の数々の災禍がありました。大正五（一九一六）年に夫を亡くした後の夏目家が、その影響下に置かれていたことは紛れもない歴史的事実です。

私は、襲いかかる苦難を乗り越える「知恵」や「胆力」が、鏡子夫人には備わっていたのではないかと推測しています。その片鱗は、先に引用した実母への決意表明にも実に鮮やかに示されています。国文学界での駒尺説にしたがえば、漱石と同様に、鏡子も妻として鍛えられたのだと理解できるかもしれません。ここでは、互いに癖のある両者が、どのような「きっかけ」によって、「夫婦システム破綻」を回避することができたか、その経緯を歴史的資料の中から探索することにします。

舞台は、ふたたび自伝的小説である『道草』のモデルとなった頃の漱石の自宅です。いわば二重苦、三重苦の状況に置かれた若妻の鏡子にとっては、時おり自宅で按摩師に身体をほぐしてもらうことしか慰めはなかったようです。その頃、自宅に迷い込んできた子猫の始末に困っていることを夫にこぼすと、意外や追い出さずともよいとの応答が返ってきました。鏡子自身は猫嫌いだったので、飼い続けることにはためらいの気持ちがありました。ところが、ある時、通いの按摩のお婆さんがその子猫を足の指まで調べ上げて、「奥様、この猫は全身足の爪まで黒うございますが、これは珍しい福猫でございますよ。飼っておおきになるときっとお家が繁昌いたします」と言ったそうです。

この按摩の御託宣を縁担ぎの好きな鏡子夫人は「吉報」と受け止め、それ以後は餌の内容も充実させ、それまでのようなぞんざいな扱いをやめ、この黒猫を夏目家の「福猫」と思って大切に飼うように努めたそうです。これ以後の夏目家は、夫婦と三人の子どもとお手伝いさんに加えて、この「福猫」が重要なメンバーとなったのです。ここで視点を変えてみると、元来わが国では、家庭に福を招き入れるとされる迷信を信じて「招き猫」の像を飾る風習があることに思いあたります。それは現代にまで続く日本の風習であることを考え合わせると、欧米とは異質な、家族を取り巻く文化的背景にも目配りしておく必要性があることを示唆しているのかもしれません。また、夫の処女作である『吾輩は猫である』が世に出ることになったきっかけが、まちがいなくこの猫にあったことから考えれば、まさに夏目家に大きな「福」をもたらしたといえます。

いずれにしても、鏡子夫人の回想記に書かれた記述内容から判断すると、この夏目家初代の猫が、いわば「トリックスター」役を果たすようになったのは確かなことのようです。そのエピソードのなかには、まるで戦後の日本家族の明るい家族のモデルとなったマンガの「サザエさん一家」を髣髴《ほうふつ》とさせる、次のような家庭内騒動の珍場面もあったようです。

猫のほうではますますいい気になって子供の寝床に入り込んだりして、そのたびに疳持ちの二女の恒子なんかは夜中でも、

「猫が入った、猫が入った」

と火事でもでたようにキイキイ声を立てます。すると夏目が物尺をもって追っかけ歩いたりして、時ならぬ活劇を演じたこともよくありました。

(『漱石の思い出』二十三／傍点は引用者)

この場面を読めば、重い病理をかかえた夫婦の深刻さはどこにいったのだろうかと思うほどに、ほほえましさが漂ってきます。救いがなく、悲劇的ともみえた夫婦の物語が、子猫の乱入によって突然に調子が変わり、幼い子どもを巻き込んだドタバタ喜劇に変質した感があります。つまり、鏡子夫人はDV夫婦ともみなされるような病理的夫婦が演じる「悲劇」のヒロインであったはずなのに、この場面では、いたずら者の猫がご主人様や子どもたちをきりきり舞いさせる「活劇」の解放感や滑稽さを眺めて楽しんでいる気楽な「聴衆」の立場に移っているからです。しかも、この回想記の第二三回で猫が引き起こす「珍場面」の件を落語話のように編集役の娘婿に筆記させているのは、当時五〇歳の鏡子夫人その人だったのです。それは、時間的経過からみれば、夏目家で「猫の活劇」が繰り広げられた日々から数えて、およそ四半世紀過ぎた頃の出来事でした。

この回想記が出版された一九二八年から、さらに八〇年以上を経た二一世紀の今年、本書が出版されるめぐり合わせとなりました。夏目家で「猫の活劇」が演じられた時点を起点とすれば、すでに一世紀以上が経過していることになります。なんと気の長い話と思われる読者がいるかもしれません。また、現代の人間の家族や夫婦の深刻な問題を解決しようかという時に、本筋から離れたところで無駄な「道草」を食わされるのではないか、と懸念し始めた読者もいることでしょう。

実は、「猫」が突然に現れてそれまでの話（物語）が脱線してしまうことからもたらされる「想定外」とも思われそうな問題解決の効果が、ここでの主題と密接に結びついていきます。さらに、話は、進化論に特有の「突然変異」という言葉にもつながっていくので、読者の混乱はさらに強まったかもしれません。そこで、すこし話を整理することにします。渡英中の漱石は、あらゆるジャンルの原書を読み漁っていましたが、当時の科学界での論争の的になった「進化論」にも強い関心をもち、関連する書物を読んだことが、漱石の蔵書に関する実証的な研究から明らかになっています。また、後に編纂された『漱石資料―文学論ノート』でも、進化論的発想について言及しています。ですから、「進化」という主題は、漱石の強い関心事でもあったことを理解しておいていただきたいのです。

次に、本節の主題の「夫婦システム」との関係では、「進化」がどう関係するのかということになります。これまでは、個々の夫婦システムの発達過程での病理的メカニズムを理解する上で参考になる、病理的なモデルとして漱石夫婦を見てきました。しかし、ここでは、もっと大きな時間的枠組み、つまり進化的な時間のスケールに視点を移します。この新たな時間的枠組みを背景にして、現代の日本の夫婦がかかえる心理的な問題の解決を考えます。そのモデルとして、漱石夫婦を再検討していきます。

日本の夫婦システムは、ある意味で「進化の岐路」に立たされているのではないかというのが、長年私が抱いてきた仮説です。これまでの心理学の常識で考えれば、夫婦の発達過程を問題にする際にも、一世代の三〇年を単位として、せいぜい二世代で六〇年ほどの時間的展望をもてばよかったかもしれません。しかし、平均的な寿命が女性で九〇歳近くにまで伸びた現在では、少なくとも一〇〇年を見通した時間的枠組みを前提として、夫婦システムが抱える心理的問題を掘り下げる必要性が出てきているのではないでしょうか。この課題に地球上で最初に遭遇しているのが、現代日本の夫婦なのかもしれません（かなり大げさな表現ですが、いっている本人は真面目です）。なぜなら、日本社会が明治維新以来もっぱら依拠してきた欧米に範を求める解決パターンは、この問題に関しては通用しないからです。われわれ日本人が独自に解決策を見出す以外にありません。

ただし、前例に倣うことができない事態を解決するにあたっては、欧米の知的産物である進化論の基礎となっている「突然変異」の概念が適用できるのではないかと考えたのです。いわゆる「漱石夫婦システム」を日本の夫婦システムの突然変異例として検討してみようというのが、私の提案です。一〇〇年以上も前の日本で、漱石夫婦は暗中模索の状態ながら、自らの夫婦システムの破綻の危機を乗り越え、さらにその危機体験を創作活動に変換させ、家庭生活での夫婦の心情の交流を写生した多様な作品世界を生み出しました。同時に、激動の時代を生き抜いた夫婦として、六人の子どもを育て上げたことも特筆すべき成果だと思います。

三章

和合までの夫婦の心の軌跡

大正6年発行の『明暗』の表紙（装幀：津田青楓）

序章では、個人人生周期と家族人生周期における両者の視点の違いについて検討しました。また、夫婦の人生周期については、これを家族人生周期の一部に含めて考えてきました。本章では、血のつながった親子と異なり、元は他人同士であった男女の組み合わせである夫婦の「心の闇」に迫ります。結婚によって互いに結び合ったはずの心の絆がいつしか緩む、あるいは逆に硬くもつれてしまうなどのさまざまな危機を経て、再び夫婦の関係が修復される心理過程を、漱石の後期の三作品を通して読み解いていきます。その三作品とは、新婚期の夫婦関係を扱った『門』、子育て期の夫婦の葛藤を克明に描写した『道草』、そして夫婦が和合へと向かう瞬間の描写に「ハイライト」が当てられた『明暗』の三作品です。

一、人生目標と夫婦関係の変化

人生周期の心理学

家族心理学の進展に伴って、夫婦人生周期と家族人生周期をそっくり同じ扱いにはできないことが、徐々に明らかになりつつあります。なぜなら、日本の夫婦を「カップル」とみなして、多世代で構成される家族人生周期の「中核」として位置付けるには、いささか難点が見えてきたからです。それは何かといえば、母と子という血縁で結ばれた「異世代カップル」の絆は、夫と妻という血縁のない「同世代カップル」の結びつきよりも相対的に強いということです。母子カップルの心理的問題は、互いの生まれ育った歴史社会的な前提が異なるにもかかわらず、同時代を生きてはいますが、あたかも同世代であるかのように密着した情緒的関係を結んでいることにあります。

同じ母子カップルでも、同性の母・娘と異性の母・息子では、その中身が異なってきます。母と息子の強い情緒的結びつきは、近親相姦のタブーにかかわる問題を潜在的に抱えることになります。長く儒教的伝統や儒教文化の影響下に置かれてきた日本では、母親が息子の教育に強い権限を有してきたために、近親相姦の懸念は社会全体の「集合的無意識」によって自動的に排除される傾向があったと考えられます。つまり、母親が儒教的伝統の頂点を象徴し、かつ出世の早道でもある官吏登用試験での合格をめざして息子と共闘態勢を組み、いわば「密着指導」することは、良妻賢母の必須条件ともみなされてきました。この受験合格をめざす母子カップルの形成は、同じく息子の栄達を望む父親にとっても、異論を挟む余地のないことでした。このような儒教的伝統は、形を変えながら現代でも存続していることは、説明の必要もないことでしょう。

しかし、さすがの儒教的伝統も七〇年代以降の高度経済成長に伴い、その影響力は急速に失われつつあることを認めざるを得ません。むしろ、その負の側面が八〇年代以降の日本社会で、顕在化してきているると考えられます。その象徴が、対教師暴力や対母親暴力であり、九〇年代以降はいじめや不登校・引きこもりなどの問題として噴出してきたと考えられます。これらの日本特有の心理的問題の深層には、思春期以降に母親との密着した関係を続けることへの本能的ともいえる拒否的感情が働き始めたからではないでしょうか。この現象は、生物学的根拠もある近親相姦タブーの観点から見れば、ごく自然なことでもあります。すでに生殖能力を備えた青年期に達した息子が、世代も性も異なる母親と過度に密着することは、同世代の友人や、より広範な他者との交流を深める上での阻害要因になり、社会性を身につける上でも好ましくないからです。

母子カップルの片方の母親側の変化については、どのようなことが指摘できるでしょうか。この点では、同世代ではあっても性が異なる夫（父親）とのカップル関係、つまり、夫婦関係と「クロス」させて考えることが求められます。日本における家族心理学のこれからの課題でもあります。われわれの視野を個人の人生周期や発達段階に限定していたのでは、この複合的な「クロス問題」に知的探求の照準を当てることができないのです。従来の個人心理学の基盤にある垂直方向（タテ系列）の発達観のみでは、同世代の両親間の水平方向（ヨコ系列）の発達課題を適切に把握することは難しいといえます。「垂直」と「水平」という二つの空間軸を同時に視野に納めることによって、異世代と同世代という時間的要因（約三〇年のタイムラグ）も加味した、より立体的で統合的な認識論の基盤を固めることができます。

この新たな認識論的な枠組みに立つことによって、家族人生周期における「クロス問題」を徹底的に掘り下げて検討できるようになるのではないでしょうか。

ごく自然な家族人生周期の発達の道筋として、思春期に達した息子の関心は、最大のタブーである夫婦の性愛的な結びつきの問題に向いていきます。そこで、近親相姦のタブーが機能すれば、世代間の境界が設定され、問題は生じないことになります。しかし、母親が「教育」や「受験」を免罪符とすることによって、息子は母子間の過度な結びつきに対して抵抗する術を失いかねません。息子たちが、かつてのような「ハングリー」な社会状況であれば、母子はまさに受験戦争をともに戦う「戦友」としての結束力を誇示することもできました。しかし、大学全入時代となり、すでにその実質的根拠を失った現代の息子たちにとって、母親との共闘体制を維持することは、極めて困難になってきているといわざるを得ません。母親と息子の間に心理的葛藤や病理的関係が生じた場合でも、それを容易に断ち切れず、結果的に種々の心理的問題が遷延化している臨床事例が実に多いのです。

その要因の一つに、息子にとっての同性の先行世代の役割モデルとしての父親の「存在感のなさ」があります。私は、この存在感の欠如を個々の父親の責任のみに帰することは適切でないと、繰り返し主張してきました（亀口、二〇〇〇：亀口、二〇〇五：亀口、二〇一〇）。そこには、第二次世界大戦の敗戦によって戦前の儒教道徳を思想的基盤とする家父長制が撤廃され、戦後の父親は家庭内で特別な役割を担うための家長としての「法的根拠」を失ったことが、大きく影響していると考えるからです。父親に比べれば、母親は失うものはなく、むしろ戦前からの家庭内の実効支配をさらに強めることができたのです。ここにも、男女の性別役割分業体制とマッチする社会的な合意形成の仕組みが働いたと考えられます。

つまり、日本の家族人生周期のペースメーカーは母親によって独占される状況が生まれ、それに異を唱える人物は、家庭内はもとより、社会のどこにもいなくなったといえるかもしれません。母親さえしっかりしていれば日本はうまくいくはずという「共同幻想」（吉本、一九七八）が生まれたことは、幸運でもあり、不幸でもあったといえます。その負の側面に目を向ければ、日本の家庭では、父親のみならず、夫の役割も喪失し、結果的に母親が君臨せざるをえない状況が生まれたといえるかもしれません。しかし、この家族の現実が母親（妻）の幸福感を保証するものにはなっていないことも、明らかになりつつあります。息子に限らず、子どもの人生の目標と先行世代の夫婦のそれとがピタリと一致することは、あり得ないからです。少なくとも、親と子としての世代のちがい（生きた時代背景の差異）は、乗り越えようのないことであり、互いの命が尽きる時のちがいを無視することもできません。

近代家族の心の危機

理想からすれば、母子と夫婦の双方のカップル関係が予定調和できれば良いのでしょうが、現実の家庭生活では、かならずしもそうはならないことが多いようです。その背景として、「人生の目標」などの大きなテーマについて、家族成員が常日頃、互いに腹を割って話し合い、合意形成をはかっておくなどといったことは、普通の家庭であまりなされていないのが実情ではないでしょうか。個人に限定して考えても、自身の人生目標を明確に設定できている人物がいったいどれほどいることでしょう。まして、元は他人で結婚前の生活経験も異なっている夫婦カップルについては、性別役割分業体制下で男女の縦割り傾向が強い日本社会にあっては、両者が共通の人生目標を立てることは至難の業といえます。

遠い将来の話は別にしても、幼児期以降の子育ての主要課題となる教育問題については、妻主導でことを進め、就学後は母子カップルが共闘体制を組んで厳しい競争社会で勝ち残ろうとするのは、標準的な目標設定の仕方かもしれません。しかし、一見合理的に見えるこのような戦略にも、致命的な落とし穴が隠されています。それは、母子カップルが異世代カップルであることの特異性と危険性を見落としがちだということです。母親は先行世代として、子どもが就学間もない年齢段階では、わが子が学校教育で経験することが予測される多くの事態を想定することができます。もっとも、その先の人生についてまで予測できる保証はありません。この点では、父親も同様だと考えられます。ここに、同世代カップルとしての夫婦が語り合うべき余地があり、対話から共通の人生目標を見つけることができるかもしれません。

問題は「夫婦の対話」そのものの深層部にあるのではないかというのが、本書後半部での作業仮説となります。日本の夫婦にとって、「性別役割分業文化」によって培われた男女別のナラティヴ（話法）の壁を超えて対話することは、哲学的難題（アポリア）に属するものではないかというのが、私が発しようとしている「問い」なのです。さらにいえば、近代家族の特徴とされる核家族の危機の遠因ではないかとさえ考えています。「話せば分かる」はずの夫婦にとって、男女の文化の壁を超越した対話を成立させる基盤は、実は極めて脆く、現代にあってはさらに「液状化」する危険性さえはらんでいるとみています。その根拠は、日本の家族を対象とした私自身の家族療法体験にあると説明する以外にありません。

しかし、その詳細を明らかにすることは、個々の家族に関する守秘義務を徹底させる観点から断念せざるを得ません。そこで、わが国の近代化の過程でもっとも早く、この問題に直面したと想定される夫婦として、漱石夫妻を取り上げ、その結婚生活にまつわる文献資料を再検討していきます。この二人が幾度となく経験した発達的危機には、現代日本の夫婦がかかえる潜在的な「こころ」の危機と通底するものがあると考えるからです。そして、それは家族全体の危機の火種ともなっているようにみえます。いうまでもなく、危機と好機が隣り合わせのものであることを前提とする立場から、そこには新たな解決の可能性の芽が潜んでいることを忘れているわけではありません。ともかく、日本の夫婦システムの発達的変化、さらにいえば、先に触れた「進化論や退化論」のレベルの議論を含む事例として捉えていきたいのです。漱石が、明らかにそのような文明論的な視点から日本社会の未来を予知しようとした意識をもち、作品のなかで主人公の口を通して語らせていることはよく知られています（三好、一九八六）。

漱石が神経衰弱に、そして鏡子夫人がヒステリー症状に苦しんだことも周知のことです。夫の漱石については、多くの病跡学的研究もなされていますが、一方の鏡子夫人については、天才でも有名人でもないことから、そのような組織的検討がなされた形跡はありません。歴史に残る「公人」と、その陰にいた「私人」のちがいとみれば、当然の扱いなのかもしれません。ここでは、夫婦システムの貴重な事例として、夫妻を平等にみたいと思います。もっとも、圧倒的に妻側の文献資料が少ないために、実際には偏った扱いになる危険性があることを、読者には事前に了承していただく必要があります。

個人のこころの病理ではなく、夫婦の「関係」に潜む病理の仕組みを理解しようとする立場からは、近代的な核家族としての漱石夫婦が抱えた危機にはどのような特徴があったのでしょうか。漱石夫婦が「核家族」としての生活を始めた土地である熊本は、両者にとって新天地であり、二人の前歴を詳しく知る者もいませんでした。二人はほぼゼロの状態から「家族」を手作りし始めたといえます。その点では、戦後に多くの夫婦が、焼け野原であった日本各地で核家族を自前で手作りした状況と似ている側面があります。つまり、先行世代の支援を得ることができない換わりに、時代遅れの影響を排除することもできたのです。したがって、ことの成否は、もっぱら自分たち夫婦の自己責任として引き受ける以外になかったといえます。

ある意味では、漱石夫婦はこの過重な課題に結婚初期から押しつぶされそうになったのかもしれません。すでに述べたことですが、一〇歳の年齢差に加えて、何ごとにも几帳面で朝型の夫と、何ごとにも鷹揚で夜型の妻の組み合わせでは、出発時点から夫婦カップルの「二人三脚」の足元がもつれていたのです。結婚後まもなくの流産や重いつわりの症状は、単なる妊娠に伴う生理的反応ではなく、夫婦間のコミュニケーションの障害や生活リズムの不一致がストレス因となり、陰に陽に影響していたのかもしれません。

夫婦関係の質的変化

詳しい事実関係はいまだに明らかになっていませんが、妻の鏡子が長女を出産する少し前に増水した川に飛び込み、危うく死にかけた事件は、結婚初期段階での最大の危機でした。その後、夫の漱石が就寝する時には、妻と自分の寝巻きの帯を紐（文字通りの命綱）で結んでいたというエピソードは、事件後に夫婦の関係が少なからず変化したことをうかがわせます。いわば、妻（鏡子）の命がけの抗議によって夫（漱石）は、まず妻との身体面でのつながりを強化しようとしたのかもしれません。幸い、結婚三年目に長女が無事に生まれたことによって、夫は「父親」としての新たな役割意識をもてるようになり、それがきっかけとなって生活リズムや性格傾向がちがう夫婦の関係に多少なりとも変化が生じたものと思われます。

たとえば、漱石の知られざる性癖として「女装癖」のあったことが、妻の回想記に記されています。

しかし機嫌の悪いのもその時限りで、次の日かその次の日かには、私の年始の紋付を着て歩いてふざけておりました。いったい自分でもきちんとしたなりをしていることの好きな人でしたが、また女のきれいな着物を着ることが好きで、私が脱いでおくとよくそれを羽織って、褄《つま》を取ってみたりなんかして、家じゅう歩き回ったものでした。

（『漱石の思い出』四）

この記述から判断すれば、漱石夫婦の対立関係が「熱しやすく、冷めやすい」タイプのものであったことが分かります。妻が、夫の女装癖を病的なものとして拒否的に反応してしまわずに、冗談やいたずらとして明るく受け止めることができる性格であったことも幸いしています。ここでも、夫婦共通の趣味であった落語に登場するような「長屋の夫婦」のあけっぴろげな雰囲気が醸し出されていたことが感じられます。

また、夫の時おりの機嫌の悪さも、妻にとっては実父の家庭での暴君ぶりに比べれば、取るに足らないものだったようです。新妻には、暴君の傾向がある夫に対する、ある種の「免疫」や「対処方略」があったのかもしれません。人生、何が幸いするか分からないことの好例です。夫の漱石にしても、それなりに夫婦関係の悪化を防止する策を講じていたようです。とくに、妻が入水自殺を企てた頃には、住む場所に困っていた同僚や学生を積極的に新居に迎え入れて、下宿させています。その結果、他人が自宅で生活している手前、妻は慣れないながらも食事の準備をするなどして、いわば「下宿屋の女将」の役を臨時に担うことになったのです。

この戦略は効を奏したようで、妻は主婦としての力量を高め、下宿人から頼りにされることで、多少は自尊感情を高めることにもつながったようです。このほかにも、頻繁な転居による生活環境の変化が、夫婦関係のさらなる悪化を食い止めた可能性があります。ちなみに、漱石夫婦は熊本時代の四年間に五回の転居を繰り返しています。その後二年間のロンドン留学中も、漱石は五回転居していることから考えると、いわゆる「転地療養」による問題解決策に頼る傾向があったのかもしれません。

漱石の実父が八四歳で亡くなるのと相前後するようにして、翌年に長女が生まれたことは、家族の愛に恵まれなかった漱石にとっては、大きな救いとなったようです。結局、漱石は自分の両親とは、いずれも臨終の場に立ち会うことはできなかったのです。ようやく第一子を産むことができた妻の目には、好んで長女を自分の膝に抱く夫の姿が、とても好ましく映ったようです。さらに、鏡子の祖父が亡くなり、父親も官職をやめるなどの世代交代を象徴する家族の変化が続きました。こうして、近代的な「核家族」としての基盤を漱石夫婦は固めることができたのですが、すぐに次なる苦難が待ち受けていました。それは、文部省派遣第一号の官費留学生として英国留学を命じられる栄誉であり、同時にようやく手に入れた親子水入らずの家庭からの離別を意味していました。しかも、日本に残していく妻は、すでに第二子を身ごもっていたのです。

一人異国に暮らした夫の孤独感は、察して余りあります。しかも、仕事といえば、ひたすら原書を読み込むことぐらいで、目に見える成果を出すにはいたりません。実際、文部省に提出義務のある報告書は白紙で出さざるを得なかったのです。苦悩する夫の心中は、留守宅の妻にも伝えられ、妻自身も窮乏のなかで二人の子どもを必死の思いで育てていました。英国留学の期間中、漱石夫婦は「個人」としてそれぞれ大きな危機の渦中にあったといえます。しかし、夫婦システムの発達過程の観点から見れば、むしろその機能が強化された時期だったとみるべきかもしれません。「ピンチはチャンス」の逆説的な法則は、やはりここでも生きているようです。

では、漱石夫婦の「システム」としての発達過程はどのように深化していったのでしょうか。ここから先は、後期の三作品、『門』、『道草』、そして『明暗』に登場する主人公の夫婦を漱石夫婦の「写し絵」とみる立場から、詳細に検討していきます。『門』は、神経衰弱に苦しんだ夫が心の救いを求めてくぐった禅寺の山門を象徴した書名です。同じ頃、妻は流産や重いつわりの症状を抱え、産みの苦しみを体験していました。夫は、禅寺で公案「父母未生以前の本来の真面目」を与えられます。夫が出した回答は、老師から安直だと一蹴されます。『道草』では、夫婦の迷いはさらに深まり、出口のない悪循環を続ける二人の姿が浮き彫りになります。『明暗』の夫婦は、混迷の暗闇のなかから一条の光を見出します。しかし、残念ながら、作者の死によって本作品は未完に終わります。

もしかすると、『明暗』の最終回（一八八回）を脱稿した時点で、漱石は夫婦関係が発達過程に応じて質的に変化する仕組みの謎解きを、後世の人間に託したかったのかもしれません。いずれにしろ、百年後のわれわれにとって、この問題はやはり大きな難題として残されています。漱石の時代以上に地球規模でのさまざまな変動要因にさらされているわれわれ現代日本人にとって、個々人の人生目標と夫婦関係の発達課題を両立させる課題の解決は、さらに困難さを増しているのかもしれません。まず、先駆者としての漱石が命を削るようにして生み出した最晩年の三作品を、現代の家族心理学の視点から、じっくり読み解いていくことにします。

二、『門』にみる夫婦関係

カップルとしてのひきこもり

個人の発達過程で一定の期間「ひきこもる」ことが、その後の個性的で創造的な人生の歩みに有効に作用したと判断できる事例は、数多く報告されています。漱石の場合も、思春期の一時期に不登校となり、ひきこもりの状態を経た後で、学業に専念するようになり、そこから独自の人生目標につながるきっかけを見つけていきます。

では、結婚後の夫婦にとっての「ひきこもり」が、何か意味をもつことはあるのでしょうか。そこにも意味があるというのが、私の立場です。その論拠を、『門』の作品に登場する夫婦の会話から読み取っていきます。この作品は、漱石が四三歳の時のもので、第七子のひな子が三月のひな祭りの日に生まれる直前から執筆が開始され、六月に脱稿しています。その直後に、漱石自身が「修善寺の大患」で三〇分もの危篤状態に陥る臨死体験を経験しています。まさに、生と死がせめぎあうような漱石晩年の危機の時期に生み出された作品といえます。

個人と夫婦の人生周期が同期する重要な節目である妻の「出産」は、新たな生命誕生の喜びと同時に、生きることの困難さやいずれ誰もが迎える「死」を連想させる複雑な局面です。とくに、妻にとっては「母」という特別の存在になれるか否かの瀬戸際に立つことを意味します。したがって、流産や死産を経験した妻の苦しみに対するケアは、身体面のみならず心理面でも必須といえます。

『門』の夫婦は、あいつぐ流産や死産によって、子どもに恵まれない苦しみを背負って生きています。そのことがトラウマとなって、夫婦はひきこもりがちになっていきます。この夫婦の反応はごく自然なものとも受け止められますが、システムの安定性の観点から見ると、少なからぬ脆弱性を抱えることが懸念されます。妻の御米は、死産のあとで極度に精神的に不安定な「ヒステリー」様の症状を示します。夫も、「神経衰弱」を自認するような状態にあります。両者は、互いの心の傷をかばいあうかのように、社会との関わりを最小限にとどめることで、自力回復を図っているかに見えます。夫婦間のコミュニケーションにも露な対立や葛藤は生じておらず、逆に互いを支えあい慈しむ雰囲気に満ちています。『門』の冒頭では、つぎのような場面が展開されます。

宗助は銀金具の付いた机の抽出《ひきだし》を開けて頻《しきり》に中を検《しら》べ出したが、別に何も見付け出さないうちに、はたりと諦めてしまった。それから硯箱《すずりばこ》の蓋《ふた》を取って、手紙を書き始めた。一本書いて封をして、ちょっと考えたが、

「おい、佐伯《さえき》のうちは中六番町何番地だったかね」と襖越《ふすまごし》に細君に聞いた。

「二十五番地じゃなくって」と細君は答えたが、宗助が名宛《なあて》を書き終《おわ》る頃になって、「手紙じゃ駄目よ、行って能《よ》く話をして来なくっちゃ」と付け加えた。

「まあ、駄目でも手紙を一本出して置こう。それでいけなかったら出掛けるとするさ」といい切ったが、細君が返事をしないので、「ねえ、おい、それで好《い》いだろう」と念を押した。

細君は悪いともいい兼《かね》たと見えて、その上争いもしなかった。宗助は郵便を持ったまま、座敷から直ぐ玄関に出た。細君は夫の足音を聞いて始めて、座を立ったが、これは茶の間の縁伝《えんづた》いに玄関に出た。

「ちょっと散歩に行ってくるよ」
「行っていらっしゃい」と細君は微笑しながら答えた。
（『門』一／傍点は引用者）

このシーンで注目されるのは、「玄関」という、ウチとソトの「境界」で夫婦が交わす最後の掛け合いです。手紙を投函するために座敷から玄関に直行した夫に、茶の間の縁伝いの動線を取った妻が追いつき、夫に「微笑」を贈りつつ、見送る言葉を発しています。この直前には、親戚付き合いのことで夫婦間に微妙な意見の違いが生じかけていました。しかし、この微笑に彩られたやり取りによって、読み手は、二人が小さな和解をしたと感じとることができます。夫婦関係の機微に関心をもっている読者は、座敷を無言で立って玄関に直行した夫の心境と、夫の足音を耳にした妻が茶の間の縁側の別ルートを取って玄関に向かった心境の、微妙な「ズレ」に気づかれたことでしょう。作者の漱石は、明らかにその「ズレ」を演出し、緊張感を作り出しています。妻の「微笑」は、その緊張を解きほぐす絶妙の効能をもっています。

前に紹介したゴットマンの夫婦間コミュニケーションのパターンに照らせば、この夫婦は、「別れる二人」ではなく、「別れない二人」に判定できるかもしれません。少なくとも、この夫婦は最後まで別れないのですが、問題がないのではありません。二人は子どもを授かることができないという、大きな未解決の「問題」を抱えていました。しかも、妻の御米は三回の妊娠にもかかわらず、流産と死産によって子どもをもつことはできないままだったのです。それが、妻にとってどれほど深い心の傷となっていたかが、次第に明らかにされていきます。

御米（筆者注：妻）の夫に打ち明けるといったのは、固より二人の共有していた事実についてではなかった。彼女は三度目の胎児を失った時、夫からその折の模様を聞いて、如何にも自分が残酷な母であるかの如く感じた。自分が手を下《くだ》した覚《おぼえ》がないにせよ、考えようによっては、自分と生を与えたものの生を奪うために、暗闇《くらやみ》と明海《あかるみ》の途中に待ち受けて、これを絞殺したと同じ事であったからである。こう解釈した時、御米は恐ろしい罪を犯した悪人と己《おのれ》を見做さない訳に行かなかった。そうして思わざる徳義上の苛責《かしゃく》を人知れず受けた。しかもその苛責を分って、共に苦しんでくれるものは世界中に一人もなかった。御米は夫にさえこの苦しみを語らなかったのである。

（『門』十三）

妻が夫にさえ、「苦しみ」を語ることができなかった背景には、易者の存在があったのです（漱石夫婦にも、占い師にまつわる同じようなエピソードがあります）。妻は将来のことが不安になり、自分が子どもを育てる運命を天から与えられるだろうかということを、夫に内緒で、ある易者に確かめたことがあったのです。その易者は、「あなたには子供はできません。あなたは人に対してすまない事をした覚えがある。その罪が祟っているから、子供はけっして育たない」と云い切ったというのです。妻が夫に打ち明けられなかった背景要因として、この易者の判断がかなり影響していたのです。しかし、ある晩に、妻が夫にこの話を打ち明けたことによって、夫婦間の秘密は解消されました。その後は、夫婦で重荷を背負うことになったのです。

このエピソードは、夫婦が自力で恢復した過程として描かれていますが、現代であれば夫婦同席面接によってより効果的に心のケアを行なえたかもしれません。個人のプライバシーが重視される欧米社会でさえ、「夫婦同席」の面接形態が採用されるようになった背景には、夫婦を単なる個人の足し合わせとしてみることの限界が、別居や離婚の急増などで表面化してきたからです。

夫婦にとっての人生目標

子どもの成長を夫婦の人生目標にできない場合に、何がその代わりになるのでしょうか。二人の間に子どもを想定しない夫婦は、現代では珍しくありません。子どもがいないことに対する社会的圧力が夫婦に向けられる心配も少なくなっています。とはいえ、夫婦としての心の発達課題がなくなるわけではありません。『門』の夫婦は、自力でこの問題に取り組んでいきます。夫婦という「二者関係」のこころの深部で、どのような融合現象が生じるのか、その過程が詳細に描かれます。漱石の文体は写生文だとされていますが、文字通り、人間の「生」を「写し取った」文章であることがよくわかります。

……彼らは六年の間世間に散漫な交渉を求めなかった代りに、同じ六年の歳月を挙げて、互の胸を掘り出した。彼らの命は、いつの間にか互の底にまで喰《く》い入った。二人は世間から見れば依然として二人であった。けれども互からいえば、道義上切り離す事の出来ない一つの有機体になった。二人の精神を組み立てる神経系は、最後の繊維に至るまで、互に抱き合って出来上っていた。彼らは大きな水盤の表に滴《した》たった二点の油のようなものであった。水を弾《はじ》いて二つが一所に集まったというよりも、水に弾かれた勢で、丸く寄り添った結果、離れる事が出来なくなったと評する方が適当であった。

彼らはこの抱合《ほうごう》の中《うち》に、尋常の夫婦に見出しがたい親和と飽満と、それに伴う倦怠《けんたい》とを兼ね具えていた。そうしてその倦怠の慵《ものう》い気分に支配されながら、自己を幸福と評価する事だけは忘れなかった。倦怠は彼らの意識に眠《ねむり》のような幕を掛けて、二人の愛をうっとり霞《かす》ます事はあった。けれども簓《ささら》で神経を洗われる不安は決して起し得なかった。要するに彼らは世間に疎《うと》いだけそれだけ仲の好い夫婦であったのである。

（『門』十四／傍点は引用者）

この夫婦の人生目標は、明らかに立身出世などではなく、幸福や愛の成就にあったのです。欧米追従で文明開化の道をひた走っていた明治の四〇年代に、すでに、漱石は近代家族の核となる夫婦の心情の行き着く先を見通していたといえます。しかし、この二人の男女は夫婦の「核」を作りあげるに当たって、過去に大きな代償を払っていたのです。夫の友人であり、妻が同棲していた相手でもあった男友だちを裏切り、二人が結婚したことで、世間から身を隠すように生きてきたのです。

曝露《ばくろ》の日がまともに彼らの眉間《みけん》を射たとき、彼らは既に徳義的に痙攣《けいれん》の苦痛を乗り切っていた。彼らは蒼白《あおしろ》い額を素直に前に出して、其所に燄《ほのお》に似た烙印《やきいん》を受けた。そうして無形の鎖で繋《つな》がれたまま、手を携えてどこまでも、一所に歩調を共にしなければならない事を見出した。彼らは親を棄《す》てた。親類を棄てた。友達を棄てた。大きくいえば一般の社会を棄てた。もしくはそれらから棄てられた。学校からは無論棄てられた。ただ表向だけはこちらから退学した事になって、形式の上に人間らしい迹《あと》を留《とど》めた。

これが宗助と御米の過去であった。

（『門』十四）

私なりの解釈にすぎませんが、漱石がこの作品を生み出す際に用いた思考のスタイルには、二〇世紀後半になって登場した家族療法の認識論的基盤をなす「システム論的認識論」や「円環的認識論」を先取りしたような部分があると見ています。その証拠ともなりそうな彼の思考の断片が、一九〇五年のノートに英語の注釈付きの図解（図参照）として残されています（宮澤、一九九七）。

さらに、漱石の仕事そのものが「物語」の創作であり、その舞台のほとんどが「家庭」の日常生活であることから、最新の家族療法ともいえる「ナラティヴ（物語的）・アプローチ」の発想にもつながる部分が認められます。とくに、日本語によるナラティヴであることが、私の注目点なのです。欧米の言語によって書かれた家族療法や家族心理学の記述文を日本語に翻訳した「文章」ではなく、日本の夫婦の心理過程を日本語によって写生した「文章」を、あまたの日本人が百年前から読み継いできた事実は、国際的視点から今一度、再認識されてよいのではないでしょうか。

不安の訪れ

世間に背を向けた『門』の夫婦は、忌まわしい過去に蓋をして二人だけの愛の生活に埋没し、時の流れが心の傷を癒してくれることに暗黙の期待を持ち続けていました。しかし、皮肉な運命が幾多の偶然を引き寄せながら夫の心に忍び寄り、不安感を掻き立てるようになります。

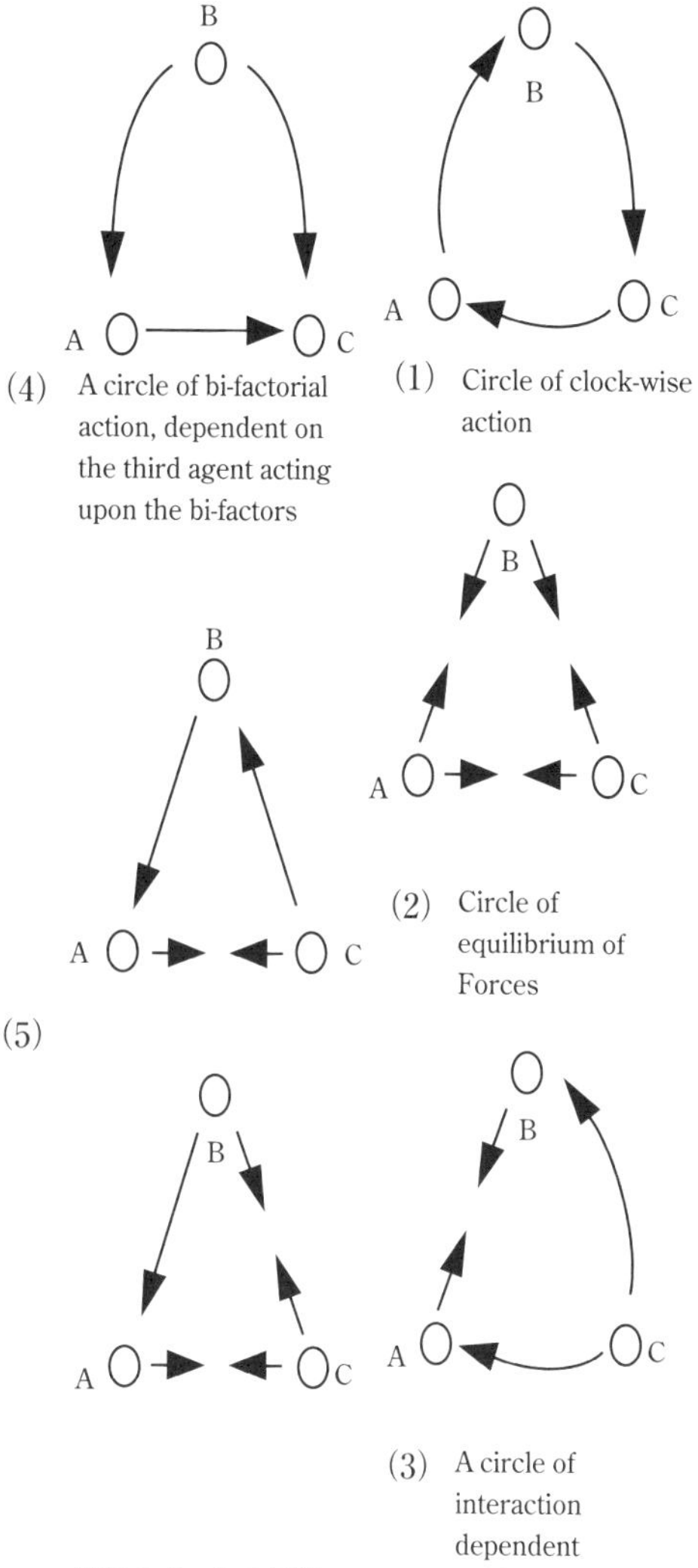
(3) A circle of interaction dependent on the third agent

漱石のノートの図解

彼は黒い夜《よ》の中を歩るきながら、ただどうかしてこの心から逃れたいと思った。その心は如何にも弱くて落付かなくって、不安で不定で、度胸がなさ過ぎて希知《けち》に見えた。彼は胸を抑えつける一種の圧迫の下《もと》に、如何にせば、今の自分を救う事が出来るかという実際の方法のみを考えて、その圧迫の原因になった自分の罪や過失は全くこの結果から切り放してしまった。その時の彼は他《ひと》の事を考える余裕を失って、悉く自己本位になっていた。今までは忍耐で世を渡って来た。これからは積極的に人生観を作り易《か》えなければならなかった。そうしてその人生観は口で述べるもの、頭で聞くものでは駄目であった。心の実質が太くなるものでなくては駄目であった。

（『門』十七／傍点は引用者）

過去の罪悪感に囚われ、不安感を募らせるようになった夫は、次第に心の闇に吸い込まれるような状態になっていきます。仕事帰りに、普段は入ることもない食堂で無理やり酒をあおり、電車にも乗らずにひたすら歩いて夜の路を歩くうちに、右記のような心境に行き着いたのでした。夫の神経衰弱様の症状は、やがて不眠の症状としても自覚されるようになります。

宗助は眼を閉じながら、明らかに次の間の時計の音を聞かなければならない今の自分を更に心苦しく感じた。その時計は最初は幾つも続けざまに打った。それが過ぎると、びんとただ一つ鳴った。その濁った音が彗星《ほうきぼし》の尾のようにぼうと宗助の耳朶《みみたぶ》にしばらく響いていた。次には二つ鳴った。甚だ淋《さみ》しい音であった。宗助はその間に、何とかして、もっと鷹揚《おうよう》に生きて行く分別をしなければならないという決心だけをした。三時は朦朧《もうろう》として聞えたような聞えないようなうちに過ぎた。四時、五時、六時はまるで知らなかった。ただ世の中が膨《ふく》れた。天が波を打って伸びかつ縮んだ。地球が糸で釣るした毬《まり》の如くに大きな弧線を描いて空間に揺《うご》いた。凡てが恐ろしい魔の支配する夢であった。七時過に彼ははっとして、この夢から覚めた。御米が何時もの通り微笑して枕元に曲《かが》んでいた。冴《さ》えた日は黒い世の中を疾《とく》にどこかへ追い遣っていた。

（『門』十七）

夫は、この不安から逃れるための手段として宗教に救いを求めることを考えながらも、妻のような占いに頼ることは避けようとしました。もし、この夫が現代にタイムスリップできたとすれば、心療内科かカウンセリングに行くことを考えたかもしれません。ともかく、彼は座禅で安心や立命という境地になれるのなら、仕事を休んでも構わないとさえ思いはじめます。やがて、知人の紹介状を手に入れることに成功し、鎌倉にある禅寺に参禅する手筈を整えます。そして、一〇日ほど宿坊に寝泊りする覚悟で寺の山門をくぐることになったのです。

夫は、老師から「父母未生以前本来の面目は何か」という公案を与えられ、座禅に取り組み始めます。しかし、彼が回答のつもりで口にした言葉は、老師から「もっと、ぎろりとした所を持って来なければ駄目だ」と、即座に却下されました。「その位なことは少し学問をしたものなら誰でもいえる」とも、いわれます。その後も座禅を続けますが、「悟り」らしき心境には至らず、とうとう下山の日を迎えます。

「敲いても駄目だ。独りで開けて入れ」という声が聞こえただけであった。

彼はどうしたらこの門の閂《かんぬき》を開ける事が出来るかを考えた。そうしてその手段と方法を明らかに頭の中で拵《こしら》えた。けれどもそれを実地に開ける力は、少しも養成する事が出来なかった。従って自分の立っている場所は、この問題を考えない昔と毫《ごう》も異なる所がなかった。彼は依然として無能無力に鎖《と》ざされた扉の前に取り残された。彼は平生《へいぜい》自分の分別を便《たより》に生きて来た。その分別が今は彼に祟《たた》ったのを口惜《くちおし》く思った。そうして始から取捨も商量も容《い》れない愚《おろか》なものの一徹一図を羨《うらや》んだ。もしくは信念に篤《あつ》い善男善女の、知慧《ちえ》も忘れ思議も浮ばぬ精進《しょうじん》の程度を崇高と仰いだ。彼自身は長く門外に佇立《たたず》むべき運命をもって生まれて来たものらしかった。それは是非もなかった。けれども、どうせ通れない門なら、わざわざ其所《そこ》まで辿《たど》り付くのが矛盾であった。彼は後《うしろ》を顧みた。そうして到底また元の路《みち》へ引き返す勇気を有《も》たなかった。彼は前を眺めた。前には堅固な扉が何時までも展望を遮《さえ》ぎっていた。彼は門を通る人ではなかった。また門を通らないで済む人でもなかった。要するに、彼は門の下に立ち竦《すく》んで、日の暮れるのを待つべき不幸な人であった。

（『門』二十一／傍点は引用者）

結局、夫は参禅によって心の迷いから脱することはできず、いつもの日常に戻ることになります。座禅によって悟りを開くどころか、むしろ「不幸な人」の実感をみやげにやつれ果てた姿で帰宅した夫を見た妻は、「いくら保養でも、家へ帰ると、少しは気疲れが出るものよ。けれども貴方は余り爺むさいわ。後生だから一休みしたら御湯に行って頭を刈って髭を剃って来て頂戴」といいながら、わざわざ机の引き出しから小さな鏡を出してみせたのです。夫は妻の言葉を聞いて、はじめて禅寺の空気を風で払ったような心持になります。失意に打ちひしがれた夫を迎えた妻が発した言葉と具体的な指示には、現代のベテランのカウンセラーが使うような即興的な技法の要素が含まれており、実に効果的です。やはり、この夫婦は「別れない二人」だったのです。

小康はかくして事を好まない夫婦の上に落ちた。ある日曜の午《ひる》宗助は久しぶりに、四日目の垢《あか》を流すため横町の洗湯《せんとう》に行ったら、五十ばかりの頭を剃《そ》った男と、三十代の商人《あきんど》らしい男が、漸く春らしくなったといって、時候の挨拶《あいさつ》を取り換わしていた。若い方が今朝始めて鶯《うぐいす》の鳴声を聞いたと話すと、坊さんの方が、私《わたし》は二、三日前にも一度聞いた事があると答えていた。

「まだ鳴きはじめだから下手《へた》だね」

「ええ、まだ充分に舌が回りません」

宗助は家《うち》へ帰って御米にこの鶯の問答を繰り返して聞かせた。御米は障子の硝子《ガラス》に映る麗《うらら》かな日影をすかして見て、

「本当にありがたいわね。漸くの事春になって」といって、晴れ晴れしい眉《まゆ》を張った。宗助は縁《えん》に出て長く延びた爪《つめ》を剪《き》りながら、

「うん、しかしまたじき冬になるよ」と答えて、下を向いたまま鋏《はさみ》を動かしていた。

（『門』二十三／傍点は引用者）

穏やかな夫婦の日常が、冬から春への季節の移ろいと共に過ぎていきます。実に、日本的な情景でありながら、どこかに「未視感」の漂う部分があります。それは、夫婦が交わす「会話」の質にあるよう

です。どこにもあるようで、実はまだあり得ていない日本の夫婦の「会話」なのかもしれない、という疑念が、私の心中の深い部分から沸き起こってきました。現代の日本の平均的な夫婦の間で交わされる会話に、この夫婦の会話の質は担保されているのだろうか、とも考えたりしました。

また、この『門』の夫婦にしても、重い過去から逃げ切れるのだろうかという懸念や不安は解消されてはいません。「……しかしまたじき冬になるよ」とつぶやいた夫の心の奥底には、再び厳しい苦悩の季節が木枯らしとともに巡ってくる予感が潜んでいることが暗示されています。しかし、妻がそのつぶやきをどのように受け止めたか、何も記されていません。もしかすると、妻の耳には届かなかったのかもしれません。『門』の夫婦の物語は、ここで終わります。

物語の作者である漱石自身は、四三歳の年の六月に、この作品を書き終えた直後に胃潰瘍が悪化し、長与胃腸病院に入院しています。八月には、伊豆の修善寺の温泉宿に転地療養のために逗留していたのですが、そこで大量の吐血をして危篤状態に陥り、死の一歩手前まで行きます。作者は、分身たる『門』の「夫」よりも、はるかに過酷な現実に直面し、死の恐怖に怯えることになったのです。その夫を救ったのは、妻の鏡子であり、修善寺の宿で大量の血を吐いて意識を失った夫を抱きとめ、医師と共に必死の看護に当たった情景は、鏡子の回想記に生々しく記されています。

……とまたゲエーッと不気味な音を立てたと思うと、何ともかんとも言えないいやな顔をして、目をつるし上げてしまいました。と鼻からぽたぽた血がしたたります。私は躍気《やっき》になって通りがかりの番頭を呼んで医者を招《よ》ばせます。お医者さんたちは中庭を隔てて向こうの部屋にいるのですから、その後ろ姿などがちらちら見えているのです。その間に夏目は私につかまって夥《おびただ》しい血を吐きます。私の着物は胸から下一面に紅《くれない》に染まりました。

（『漱石の思い出』三十七）

この凄惨とも見える危機場面をともに乗り越えた漱石夫婦は、まぎれもなく「別れない二人」だったといえます。この時点で、二人の結婚は一四年目を迎えていました。すでに七人の子どもの母となっていた妻は、その後も病弱な夫の看護に尽くし、五年後には未亡人となります。修善寺の大患で見せた妻の豪胆ともいえる対応には、新婚時の情緒不安定さはかけらもなく、その姿はひたすら夫を支える『門』の妻のそれに重なるかのようです。あるいは、逆に夫漱石の心中に映っていた妻鏡子の姿が、『門』の妻御米に投影されているのかもしれません。だとすれば、そのように献身的な妻が後世まで「悪妻」の世評を蒙り続けたのは、何故でしょうか。では、夫婦システムに潜むさらなる謎の解明に向かうことにしましょう。

三、『道草』にみる夫婦関係

夫婦システムの謎

『道草』は、漱石の自伝的小説とされていますが、その時期は、主人公である健三が外国から戻り、大学教員として学生に教え始めた三六歳頃の出来事に合致していることが示されています。『道草』を執筆した時の漱石はすでに四八歳になっていて、四年前の修善寺での大患から回復したものの神経衰弱様の状態に陥り、そこからようやく脱しつつある状態でした。

前述の『門』の物語の時間を漱石の実人生に重ねれば、子規と出逢った一八八九年から英国へ出発する一九〇〇年までの約一二年間に該当しますが、ここで対象となるのは、帰国した一九〇三年から養父との金銭問題が決着を見る一九〇九年までの、ほぼ七年間です。その翌年二月末には『門』を書き始めているので、『門』と『道草』が漱石の人生では、留学期間をはさんでいて、しかも『道草』に語られる家庭内のごたごたが終わった直後に、『門』の夫婦愛の物語が語り始められたことになります。ですから、この二つの作品はメビウスの輪のように繋がっているのです（熊倉、二〇〇九）。

『門』の夫婦は子どもに恵まれず、世間から身を隠すようにして互いの愛だけを頼りにして生きていました。対する『道草』の夫婦には子どもがいて、妻は家事・育児に専念する専業主婦であり、夫は学問を職業とする近代的な「核家族」を象徴しています。傍目にはなに不自由なく、「問題のない家族」に見える一家ですが、その内面には多くの苦悩や不満が渦巻き、緊張感に満ちた暗い世界が広がっていたのです。繰り返される夫婦間の葛藤は、かすがいであるはずの子どもまで巻き込みかねない不穏な空気を漂わせていました。

彼は、また平生《へいぜい》の我に帰った。活力の大部分を挙げて自分の職業に使う事ができた。彼の時間は静かに流れた。しかしその静かなうちには始終いらいらするものがあって、絶えず彼を苦しめた。遠くから彼を眺めていなければならなかった細君は、別に手の出しようもないので、澄ましていた。それが健三には妻にあるまじき冷淡としか思えなかった。細君はまた心の中《うち》で彼と同じ非難を夫の上に投げ掛けた。夫の書斎で暮らす時間が多くなればなるほど、夫婦間の交渉は、用事以外に少なくならなければならないはずだというのが細君の方の理屈であった。

彼女は自然の勢い健三を一人書斎に遺して置いて、子供だけを相手にした。その子供たちはまた滅多に書斎へ這入《はい》らなかった。たまに這入ると、きっと何か悪戯《いたずら》をして健三に叱《しか》られた。彼は子供を叱るくせに、自分の傍《そば》へ寄り付かない彼らに対して、やはり一種の物足りない心持を抱いていた。

(『道草』九)

夫の心境には、絶えず矛盾する側面があり、書斎での仕事に集中することを妨げる子どもの存在を疎ましく感じると同時に、子どもの愛を独り占めにしてしまう妻への反発を感じてもいました。仕事の集中から解放されると、淋しさを感じてしまうのです。しかし、夫に邪険な扱いをされ、子どもの世話に追われる妻にしてみれば、どう対処すべきか見当もつかないというのが正直な気持ちだったのでしょう。妻子との心理的距離が離れてしまった夫に、やがて心身の変調が生じてきます。

彼は例刻に宅《うち》へ帰った。洋服を着換える時、細君は何時もの通り、彼の不断着《ふだんぎ》を持ったまま、彼の傍《そば》に立っていた。彼は不快な顔をしてそちらを向いた。

「床を取ってくれ。寐《ね》るんだ」

「はい」

細君は彼のいうがままに床を延べた。彼はすぐその中に入って寐た。彼は自分の風邪気《かぜけ》の事を一口も細君にいわなかった。細君の方でも一向其所《そこ》に注意していない様子を見せた。それで、双方とも腹の中には不平があった。

健三が眼を塞《ふさ》いでうつらうつらしていると、細君が枕元へ来て彼の名を呼んだ。

「あなた御飯を召上がりますか」

「飯《めし》なんか食いたくない」

細君はしばらく黙っていた。けれどもすぐ立って部屋の外へ出て行こうとはしなかった。

「あなた、どうかなすったんですか」

健三は何にも答えずに、顔を半分ほど夜具の襟《えり》に埋《うず》めていた。細君は無言のまま、そっとその手を彼の額の上に加えた。


（中略）


「己《おれ》がどうしたというんだい」

「どうしたって、――あなたが御病気だから、私《わたくし》だってこうして氷嚢を更《か》えたり、薬を注《つ》いだりして上げるんじゃありませんか。それをあっちへ行けの、邪魔だのって、あんまり……」

細君は後をいわずに下を向いた。

「そんな事をいった覚えはない」

「そりゃ熱の高い時仰《おっ》しゃった事ですから、多分覚えちゃいらっしゃらないでしょう。けれども平生《へいぜい》からそう考えてさえいらっしゃらなければ、いくら病気だって、そんな事を仰しゃる訳がないと思いますわ」

こんな場合に健三は細君の言葉の奥に果してどの位な真実が潜んでいるのだろうかと反省して見るよりも、すぐ頭の力で彼女を抑えつけたがる男であった。事実の問題を離れて、単に論理の上から行くと、細君の方がこの場合も負けであった。熱に浮かされた時、魔睡薬に酔った時、もしくは夢を見る時、人間は必ずしも自分の思っている事ばかり物語るとは限らないのだから。しかし、そうした論理は決して細君の心を服するには足りなかった。

「よござんす。どうせあなたは私を下女同様に取り扱うつもりでいらっしゃるんだから。自分一人さえ好ければ構わないと思って、……」

健三は座を立った細君の後姿を腹立たしそうに見送った。彼は論理の権威で自己を伴《いつわ》っている事にはまるで気が付かなかった。学問の力で鍛え上げた彼の頭から見ると、この明白な論理に心底《しんそこ》から大人しく従い得ない細君は、全くの解らずやに違なかった。

（『道草』十）

夫は学問の力で鍛え上げた頭でもってしても自分の妻を論破し、従わせることができない自己矛盾に苦しんでいます。妻も、その夫の理不尽な言動に振り回され、見下された悔しさを噛み締めています。いかにもそりの合わない夫婦です。『門』の夫婦とは大違いといわざるを得ません。このような不幸な状況が続けば、間に挟まれる子どもが受ける心理的な影響も心配しないではいられません。いったい、この夫婦はどうなっていくのでしょうか。

「金の要《い》るときも他人、病気の時も他人、それじゃただ一所《いっしょ》にいるだけじゃないか」

健三の謎《なぞ》は容易に解けなかった。考える事の嫌《きらい》な細君はまた何という評も加えなかった。

「しかし己《おれ》たち夫婦も世間から見れば随分変ってるんだから、そう他《ひと》の事ばかりとやかくいっちゃいられないかも知れない」

「やっぱり同なじ事ですわ。みんな自分だけは好いと思ってるんだから」

健三はすぐ癪《しゃく》に障った。

「御前でも自分じゃ好いつもりでいるのかい」

「いますとも。貴夫《あなた》が好いと思っていらっしゃる通りに」

彼らの争いは能《よ》くこういう所から起った。そうして折角穏やかに静まっている双方の心を攪《か》き乱した。

健三はそれを慎みの足りない細君の責《せめ》に帰した。細君はまた偏窟で強情な夫のせいだとばかり解釈した。

「字が書けなくっても、裁縫《しごと》が出来なくっても、やっぱり姉のような亭主孝行な女の方が己は好きだ」

「今時そんな女がどこの国にいるもんですか」

細君の言葉の奥には、男ほど手前勝手なものはないという大きな反感が横《よこた》わっていた。

(『道草』七十／傍点は引用者)

夫婦間の対立は頂点に達するかに見えますが、ここで注目されるのは、最後に妻が吐いた、「今時そんな女がどこの国にいるもんですか」という台詞です。私は、このごく短い言葉のなかに、明治以降の日本の近代女性が身につけた「主張」の片鱗を感じ取りました。一歩も引かない妻の態度に対して、夫が思わず吐いた台詞は、論理的根拠の乏しいものでした。それは、論理的であるはずの学者にしては、お気に入りの身内の義姉をもち出すなど、なんとも情緒的で「前近代的」なものでしかなかったのです。たしかに、この夫婦の性格傾向や認知・思考のスタイルは、大いに違っていました。対立や葛藤が生まれるチャンスは、生活の隅々にあったといってもよいほどでした。では、なぜこの二人は別れてしまわないのでしょうか。それは、夫にとっての「謎」でもありました。

筋道の通った頭を有《も》っていない彼女には存外新らしい点があった。彼女は形式的な昔風の倫理観に囚《とら》われるほど厳重な家庭に人とならなかった。政治家を以って任じていた彼女の父は、教育に関して殆《ほと》んど無定見であった。母はまた普通の女のように八釜《やかま》しく子供を育て上る性質《たち》でなかった。彼女は宅《うち》にいて比較的自由な空気を呼吸した。そうして学校は小学校を卒業しただけであった。彼女は考えなかったけれども考えた結果を野性的に能《よ》く感じていた。

（中略）

「あらゆる意味から見て、妻は夫に従属すべきものだ」

二人が衝突する大根《おおね》は此所《ここ》にあった。

夫と独立した自己の存在を主張しようとする細君を見ると健三はすぐ不快を感じた。ややともすると、「女のくせに」という気になった。それが一段劇《はげ》しくなると忽《たちま》ち「何を生意気な」という言葉に変化した。細君の腹には「いくら女だって」という挨拶《あいさつ》が何時でも貯《たくわ》えてあった。

「いくら女だって、そう踏み付けにされて堪《たま》るものか」

健三は時として細君の顔に出るこれだけの表情を明かに読んだ。

「女だから馬鹿にするのではない。馬鹿だから馬鹿にするのだ、尊敬されたければ尊敬されるだけの人格を拵《こしら》えるがいい」

健三の論理は何時の間にか、細君が彼に向って投げつける論理《ロジック》と同じものになってしまった。

彼らはかくして円い輪の上をぐるぐる廻って歩いた。そうして、いくら疲れても気が付かなかった。

健三はその輪の上にはたりと立ち留る事があった。彼の留る時は彼の激昂《げっこう》が静まる時に外ならなかった。細君はその輪の上でふと動かなくなる事があった。しかし細君の動かなくなる時は彼女の沈滞が融《と》け出す時に限っていた。その時健三は漸《ようや》く怒号をやめた。細君は始めて口を利き出した。二人は手を携えて談笑しながら、やはり円い輪の上を離れる訳に行かなかった。


（『道草』七十一／傍点は引用者）

『道草』のこの部分で、漱石は夫と妻の論理が同じになり、二人で円い輪の上をぐるぐる回りながら、いくらつかれても気がつかない、と写生しています。この写生文は、具体的な描写にみえて、実は高度に抽象化された夫婦間コミュニケーション・パターンの記述として読み取ることもできます。家族療法の実践を三〇年以上続けてきた私にとって、漱石による夫婦間コミュニケーションの特徴記述の的確性と比喩の巧みさには、心底驚かされます。日々繰り返される意見の食い違いや否定的感情に彩られ、非理性的な行為としての「夫婦喧嘩」が、実は同じ論理構造の上に成り立っていることを、漱石が充分に理解していた証拠です。現代では、この論理構造を、「家族システム論」の枠組みや概念を使って容易に解読することができます。しかし、漱石がこの作品を書いた一九一五年には、家族システム論は存在していませんでした。この理論は、第二次大戦後の五〇年代の情報理論やサイバネティックス理論、あるいはコミュニケーション理論の発展と共に誕生し、日本には八〇年代以降に紹介された最新の心理療法理論です。現代日本のカウンセラーでも、漱石のような視点から夫婦関係の謎にせまろうとする者は、いまだ少数に留まっています。心の専門家にとっても、昔から「夫婦喧嘩は犬も食わない」と例えられるように、できれば避けて通りたい難問なのかもしれません。

自然の緩和剤としての妻の発作

避けたくとも避けられない状況に置かれた当事者にとって、外部からの援助が得られない場合は、自力で対処せざるを得ないのは火を見るより明らかです。夫婦の間に強い葛藤が生じた場合、しかも、誰も仲裁する者がいなければ、どのようなことが起こるのでしょうか。その極点の一つとして、妻のヒステリー発作が想定できます。『道草』には、そのような葛藤状況に置かれた妻の発作をめぐる夫の一連の反応が、きわめてリアルに写生されています。

　幸にして自然は緩和剤としての歇斯的里《ヒステリー》を細君に与えた。発作は都合好く二人の関係が緊張した間際に起った。健三は時々便所へ通う廊下に俯伏《うつぶせ》になって倒れている細君を抱き起して床の上まで連れて来た。真夜中に雨戸を一枚明けた縁側の端《はじ》に蹲踞《うずくま》っている彼女を、後《うしろ》から両手で支えて、寝室へ戻って来た経験もあった。

　そんな時に限って、彼女の意識は何時でも朦朧《もうろう》として夢よりも分別がなかった。瞳孔《どうこう》が大きく開いていた。外界はただ幻影《まぼろし》のように映るらしかった。

　枕辺《まくらべ》に坐《すわ》って彼女の顔を見詰めている健三の眼には何時でも不安が閃《ひら》めいた。時としては不憫《ふびん》の念が凡《すべ》てに打ち勝った。彼は能《よ》く気の毒な細君の乱れかかった髪に櫛を入れて遣《や》った。汗ばんだ額を濡れ手拭で拭いて遣った。たまには気を確《たしか》にするために、顔へ霧を吹き掛けたり、口移しに水を飲ませたりした。

発作の今よりも劇《はげ》しかった昔の様も健三の記憶を刺戟《しげき》した。

或時の彼は毎夜細い紐《ひも》で自分の帯と細君の帯とを繋いで寐た。紐の長さを四尺ほどにして、寐返《ねがえ》りが充分出来るように工夫されたこの用意は、細君の抗議なしに幾晩も繰り返された。

（『道草』七十八／傍点は引用者）

ヒステリー発作によって意識を失い、赤ん坊のような無力な存在と化した妻に対して、直前まで怒り心頭に達し、妻を攻撃していた夫が、今では一転してあたかも母親がするかのようにかいがいしく妻をいたわっています。その夫の胸中には、さらに深刻であった新婚当初に経験した妻の危機状態（自殺未遂）の記憶まで蘇っていたのです。いかに憎しみの感情が起こったとしても、妻の命を失う訳にはいかないという思いが、より強く夫の胸中にせまってきたのでしょう。妻は、無意識のなかで夫の愛の行為を受け容れています。同時に、夫は自分が妻に対している行為を、妻が知り得ないことも知りつつ、介抱を続けます。それは、見返りを求めない一方的な愛の行為でもあります。

まったくの憶測ですが、この時、夫は妻の「母親」になっていたのかもしれません。また、夫が回想する妻介抱の光景は、これとは逆パターンの「修善寺の大患」の際に妻鏡子が大量吐血によって意識を失った夫漱石をかき抱いた光景と、二重写しになって連想されます。夫婦双方が過度に覚醒し、興奮状態になって対立が激化し、そのエスカレーション（相互連鎖反応）が頂点に達した時に、一方が重い病に倒れるか、もしくは一時的に意識喪失の状態になることによって、葛藤状態が自ずと緩和されていく様相が分かります。作者である漱石が表現しているように、まさに発作が、「自然な緩和剤」として夫婦間の露な対立の解消に役立っています。現代では、病気によって心理的な利得を得ようとする、半ば無意識的な心の仕組みのことを、「疾病利得」と名づけています。漱石は、そのことを体験的に知っていたということになります。

子どもの存在と夫婦システム

妻の発作が夫婦間葛藤の自然な緩和剤として効果的だとしても、それをいつまでも当てにできるものではありません。より自然な緩和剤として、子どもの存在が期待されることになります。赤ん坊の存在は、夫婦にとって大きな福音となります。誕生間もない乳児は、「無力な存在」であり、命の糧である母乳を与えてくれる母親の存在を必要とするからです。

夫も、妻が母親として赤ん坊にかかりきりになることに、抵抗する術は無いに等しいといえます。ただし、現代では母乳に代わる乳児用ミルクの登場によって、この要件は絶対的なものではなくなっています。この事が、母子関係の質的な変化と同時に、夫婦間葛藤の緩和剤としての子どもの役割を変化させているのかもしれません。


面と向って夫としっくり融け合う事の出来ない時、細君はやむをえず彼に背中を向けた。そうして其所《そこ》に寝《ね》ている子供を見た。彼女は思い出したように、すぐその子供を抱き上げた。

章魚《たこ》のようにぐにゃぐにゃしている肉の塊りと彼女の間には、理屈の壁も分別の牆《かき》もなかった。自分の触れるものが取も直さず自分のような気がした。彼女は温かい心を赤ん坊の上に吐き掛けるために、唇を着けて所嫌わず接吻《せっぷん》した。

「貴夫が私《わたくし》のものでなくっても、この子は私の物よ」

彼女の態度からこうした精神が明らかに読まれた。


（『道草』九十二）

『道草』のなかでは、これと同じ光景が、他に三回も描かれています。夫婦間の葛藤回避の自然の緩和剤とはいえ、夫にとっては、家庭内での孤立を思い知らされる辛い場面であることが強調されているのかもしれません。『道草』の夫婦の物語のエンディングは、次の光景で閉じられます。


「片付いたのは上部《うわべ》だけじゃないか。だから御前は形式張った女だというんだ」

細君の顔には不審と反抗の色が見えた。

「じゃどうすれば本当に片付くんです」

「世の中に片付くなんてものは殆《ほと》んどありゃしない。一遍起った事は何時までも続くのさ。ただ色々な形に変るから他《ひと》にも自分にも解らなくなるだけの事さ」

健三の口調は吐き出すように苦々しかった。細君は黙って赤ん坊を抱き上げた。

「おお好《い》い子だ。御父さまの仰《おつし》ゃる事は何だかちっとも分りゃしないわね」

細君はこういいいい、幾度《いくたび》か赤い頬《ほお》に接吻《せっぷん》した。


（『道草』百二）

ここに写生された夫の姿は、現在でもなお、日本の平均的な夫（父親）のそれとさほど違わないかもしれません。まさに、「終わることのない日常」の閉塞感が漂っているといえます。これでは、夫にとって「子はかすがい」と有難がることはできないはずです。子どもが「妻の物」だとすれば、夫は何を代わりにすればよいのでしょうか。『道草』の物語の夫にとっては、それは学問上の「作物」でした。現代に置き換えれば、それは何らかの生産物であり、「仕事」と考えてよいでしょう。結局、この核家族夫婦の性別役割による分業の固定化は、戦後の日本社会の性別役割分業体制とそっくり重なって見えてきます。

日本の平均的な夫は、わが子が自分たち夫婦にとっての「かすがい」であるはずとの思い込みに頼っているものの、実は、その手ごたえは希薄なままでいるのかもしれません。これまで、繰り返し指摘されてきた「影の薄い父親」や「存在感のない父親」としての日本の父親像の源は、意外にこの辺りにあるのかもしれません。いずれにしても、夫婦システムと子どもとの関係を考える場合に、妻と子どもの心理的距離の近さに比べ、夫と子どもとの心理的距離がはるかに遠いことに、目を向ける必要がありそうです。

「自分たち夫婦には子どもがいるから、それが絆となり、決して別れずに済むだろう」と、安易に期待することは、夫婦の「共同幻想」でしかないのかもしれません。子どもが成長するにつれ、両親の橋渡し役や仲裁役、あるいは当たられ役を務めさせられることを、拒否・拒絶する傾向が出てくるからです。

その時、夫婦は子どもを挟まず、二人だけで向き合い、互いを結ぶ心の絆の状態を再点検することになります。その意味で、『道草』の夫婦は夫婦システムとしての発達の途上にあり、いまだ道草をしている状態にあるのかもしれません。夫婦和合の目的地までは、まだ遠い道のりが残されているようです。

四、『明暗』にみる夫婦関係

妻の視点からみた夫婦関係

夫婦はそれぞれ個人として、自分の視点から自分たちの「夫婦関係」を思い描いています。それがどのような内容であるかについて、当の夫婦が互いに熟知できている保証はありません。しかし、相手が自分たちの関係をどのように感じているかについて、できれば知りたいと思うことも少なくないようです。配偶者の心のうちや「本音」を知る手がかりとして、男女の関係を描いた物語を読むことは、わが国でも源氏物語などの古典文学の時代から連綿と続いてきた伝統でもあります。ただし、かつてそれは社会のごく限られた上層の人びとに限られたものでした。

近代になると、明治時代に全国規模の日刊紙が発行され、日本各地に多くの一般読者が誕生し、いわばマクロな「読者共同体」が成立するようになりました。この読者システムの関心事の一つに、身近な男女や夫婦関係の問題があったことは、江戸時代の庶民芸能で心中話に人気があったこととも、どこかで繋がっているかもしれません。また、その新聞に毎日連載されるようになった小説の題材として、夫婦の物語が登場するようになるのは、現代の連続テレビドラマの題材に家族や夫婦の物語が選ばれることとも、共通しているように思われます。漱石は、明治四〇年に朝日新聞の専属作家となり、以後の主要な作品は、まず新聞に連載され、後に単行本として出版され、新聞の購読者以外にも愛読者を獲得していきました。

作者の漱石がほぼ毎日書き上げる夫婦の物語を、数日後には全国各地の定期購読者が読む新聞小説の仕組みによって、そこに写生された夫婦間の葛藤やさまざまな心の揺れ動きに個々の読者が共鳴し、さらにより広範な読者共同体（システム）が構成される社会的な構図ができ上がっていったのです。したがって作者の漱石も、読み手の受け止め方や反応を、さまざまに想定、あるいは想像しながら書き進めていったはずです。また身近な弟子の感想や読者からの反響、あるいは文壇の作家による批評の影響も受けつつ、書き進めていったことを考えると、作品の創作は作家の単独行為ではなく、当時の一般の人びととの協働の要素を含んでいたことも、心に留めておく必要があるかもしれません。読者のなかには、家庭の主婦や妻たちもいたことでしょう。そのような社会背景が、夫である作者にして、妻の視点からの夫婦関係の写生を可能にする条件を徐々に整えていったのかもしれないのです。絶筆となった『明暗』には、主人公の妻が夫婦関係をどのように思っているかを写生した箇所があります。

「良人《おっと》というものは、ただ妻の情愛を吸い込むためにのみ生存《せいそん》する海綿《かいめん》に過ぎないのだろうか」

これがお延のとうから叔母にぶつかって、質《ただ》して見たい問であった。不幸にして彼女には持って生れた一種の気位があった。見方次第では痩我慢とも虚栄心とも解釈の出来るこの気位が、叔母に対する彼女を、この一点で強く牽制《けんせい》した。ある意味からいうと、毎日土俵の上で顔を合せて相撲を取っているような夫婦関係というものを、内側の二人から眺めた時に、妻は何時《いつ》でも夫の相手であり、また会《たま》には夫の敵であるにしたところで、一旦《いったん》世間に向ったが最後、どこまでも夫の肩を持たなければ、体《てい》よく夫婦として結び付けられた二人の弱味を表へ曝《さら》すような気がして、恥ずかしくていられないというのがお延の意地であった。だから打ち明け話をして、何か訴えたくて堪《たま》らない時でも、夫婦から見れば、やっぱり「世間」という他人の部類に入れべきこの叔母の前へ出ると、敏感のお延は外聞が悪くって何もいう気にならなかった。

その上彼女は、自分の予期通り、夫が親切に親切を返してくれないのを、足りない自分の不行届《ふゆきとどき》からでも出たように、傍《はた》から解釈されてはならないと日頃《ひごろ》から掛念《けねん》していた。凡《すべ》ての噂《うわさ》のうちで、愚鈍という非難を、彼女は火のように恐れていた。

（『明暗』四十七／傍点は引用者）

文中にある「内側の二人から眺めた時」という表現が、外部からではなく、夫婦システムの内側からの記述として、とくに妻の視点に立った夫婦関係についての認知の仕組みを写生していることは、システム論的家族療法の立場からすれば、きわめて重要です。ここでも、漱石が作家として、複数の視点からの記述を駆使するシステム論的な思考法を身につけていたことが、推測されます。もっとも、夫婦関係の当事者である夫としては、敵対する妻の視点に立つことは難しかったはずです。当の妻は、この危機にどのように対処したのでしょうか。ここでは、妻自身の証言が必要になります。

妻自身が体験した夫婦関係

世間から悪妻とみなされてきた漱石の妻鏡子は、自らの夫婦関係の危機をどのように捉え、そしてどのように行動したのでしょうか。その謎を解く貴重な手がかりを、『明暗』の夫婦の設定時期と重なる結婚初期の危機体験について語った鏡子の回想記のなかから見つけ出すことができました。

涙を流して母にくれぐれも決心のほどを打ち明けて頼みましたので、母もそれほどにいうならと快く肯《うけが》ってくれました。今その当時のことを思い出してみましても、どうしてあんなところにいたものかと、むしろぞっとするくらいですが、ほんとうにその時は生きるか死ぬかの境に立っていたようなもので、自分では全く一生懸命で死に物狂いだったのです。相手と言えばがんぜない子供たちばかり、やさしい言葉一つかけてくれる人もいず、たまさかそうした言葉をきくかと思えば、今の私の実家側の親類のように、ただ私一人の身の上ばかりを懸念して、少しも夏目の身の上を勘定に入れてない、深切そうにみえて、その実不深切な言葉ばかりで、ほんとうに情けない思いをいたしました。母もたいへん同情して、

「あんまり心配おしでないよ」と慰めてくれますから、私も、

「この家にいると覚悟したからには、めそめそ泣いたり、くよくよ考えたりして、結局体をこわしたりしてはなにもならないんですから」と元気に母を送り出したものです。

（『漱石の思い出』二十／傍点は引用者）

ここには、命がけの覚悟をもって夫婦関係の維持に努めようとする妻の、壮絶ともいえる姿が浮き彫りになっています。妻は、実母に対しても依存する態度を示さず、むしろ安心させるかのような心遣いさえ示しています。実母の側も、娘を実家に引き戻す様子を見せていません。ここには、現代の家族シ

ステム論でいうところの、明確な「世代間境界」が設定されたことが確認できます。つまり、核家族の中核である夫婦システムの一端を担う妻が、実家との間に心理的な境界を設定し、過度の依存関係や密着状態に陥ることを避ける姿勢が示されています。この妻の勇気ある決断によって、夫婦システムの独立性が維持され、子どもたちを含む家族の境界、つまり「家族境界」を保つことができたのです。もし、この妻の決断がなければ、二人は別れていたかもしれません。

漱石夫婦は別れなかったとはいえ、両者の間で強い緊張感が続き、一触即発のような雰囲気が家中を支配していたことは容易に想像できます。再び、危機の再燃が予測される緊迫した事態は続いたのです。その強い家族ストレスは、身を削るようにして創作に打ち込む夫の内臓の機能を損なうこととなります。その積み重ねが胃からの大量出血をもたらし、例の「修善寺の大患」での臨死体験へと至ります。皮肉なことに、夫にとっての絶体絶命の体験が、明らかな心境の変化となって、妻との関係を変えることになったようです。夫が大病を患った後、どのような人格的変化を遂げたのか、当事者である妻の貴重な証言が回想記に記されています。

しかしともかくこんどの病気で、前のように妙にいらいらしている峻《けわ》しいところがとれて、たいへん温かくおだやかになりました。私にもほんとうにこの大患で心機一転したように見受けられました。何と申しますか、人情的とでもいうのでしょうか、見違えるばかりに人なつこくなったものでした。誠に病中人様にいろいろお世話になった、それがたいへんありがたいと口癖に申しておりました。

（『漱石の思い出』四十一）

結婚後二〇年を経て、妻は病気がちな夫に頼ることもできず、独りで不安を募らせることも多くなっていました。しかし、新婚期のようにヒステリー発作を起こして夫に介抱してもらう状況にはなく、母親として待ったなしに求められる子育ての役割を担い続けねばなりませんでした。責任ある自分まで、倒れるわけには行かなかったのです。追い詰められた心境になった妻は、新たな解決策を模索しはじめます。それは、科学的でも論理的でもない占いだったようです。ただし、この時代には、それ以外に対処法はなかったとも言えます。

ここでちょっと迷信的なお話をつけ加えておきましょう。いったい私は元からそういう質《たち》でもなかったのですが、ことに夏目の頭が悪くていじめられたころから、物事を運命的に観ずるとでも申しましょうか、占いをみてもらったりするようになりました。べつにそれを人に強《し》いるというのではなく、いわば自分の安心のためにみてもらうのですから、こっそりみてもらったりするのですが、それがいつの間にやらわかってしまって、おまえはいつも亭主より先に天狗に相談するなどと笑われたものです。天狗というのは私がよくみてもらう占い者のことです。

この大出血の前日、つまり二十三日のことです。どうも夏目の容態が気になってしかたがないので安心のためと思いまして、天狗に手紙を書いて、容態のことをいってやりまして、どうか占いをしてみてそのうえ祈禱をしてくださいと申してやったものです。すると二十五日に返事が参りました。易《えき》をたててみたら、出た易がとても悪い。いわば体に弾丸《たま》が当たって爆発したような形だから非常に悪い。が私は斎戒沐浴《さいかいもくよく》して一生懸命三十七日の間祈禱してみましょう。どうか一週間一週間に息をぬいて一休みしますから、一週間たったらそちらの容態を知らせてくださいという返事です。ちょうど二十四日の危篤の日をはさんでの手紙の往復でした。それでそのとおり七日め七日めにこちらの容態を報《し》らせてやっておりました。そしていい按排になおったので礼状を出しておいて、後でお礼に参りました。

（『漱石の思い出』三十七／傍点は引用者）

ここで注目したいのは占いの信憑性などではなく、「おまえはいつも亭主より先に天狗に相談するなどと笑われた」という、箇所です。この文章には、夫が妻の占い好きの性向について、否定しつつも黙認していること、さらに夫婦が互いの認識の「ズレ」の存在を相互に認め合っていることが示されています。この時点で、夫婦関係の病理性が改善されていることは、最後の「笑われた」という表現から推測することができます。つまり、夫自身は信用していない占いを、妻が心の安定のために頼ろうとする「心情」については理解を示すという暗黙のメッセージが、夫の「笑い」には読み取れます。夫婦が最悪の危機にあった頃を回想する妻の脳裏には、亡き夫の「苦笑い」が浮かんでいたのではないでしょうか。二人の間に明らかな「差異」が存在すること、ときに「憎悪」の感情さえ巻き起こるのは避けられないこととして、互いに受け入れつつあったのかもしれません。

和合の予兆としての「微笑」

『明暗』の夫婦は結婚後まだ半年しか経っていない新婚夫婦であり、夫が三〇歳で、妻は二三歳という設定になっています。つまり、子どもがまだ生まれていない新婚夫婦の物語なのです。この家族の物語の時間的な設定には、作者である漱石の深謀遠慮《しんぼうえんりょ》が込められているとする見方もあります（熊倉、二〇〇六）。漱石は四九歳で亡くなる年（一九一六年）の五月から、『明暗』の執筆を始めています。夫婦の結婚二〇周年の記念日（六月十日）の直前のことでした。この時点で、漱石が自らの死期を悟っていたか否かは知る由もありません。しかし、心のどこかに、二〇年間連れ添った妻と結んだ「夫婦としての絆」の原点に立ち戻ってみようとする気持ちがあったとしても、少しも不思議ではないように思われます。なぜなら、『明暗』の夫婦の物語の舞台は、熊本という新天地で漱石夫婦が新婚生活を始めた頃に設定されているからです。最後になるかもしれない創作を通して、自分たち二人の苦闘の二〇年を振り返りながら、主人公である津田とお延に仮託して、「夫婦」という謎に満ちた人間関係の「明部」と「暗部」を克明に描き出そうとしたのかもしれません。

二人はそれを二人の顔付から知った。そうして二人の顔を見合せたのは、お秀（夫の妹）を送り出したお延が、階子段《はしごだん》を上《あが》って、また室《へや》の入口にそのすらりとした姿を現わした刹那《せつな》であった。お延は微笑した。すると津田も微笑した。其所には外に何もなかった。ただ二人がいるだけであった。そうして互の微笑が互の胸の底に沈んだ。少なくともお延は久しぶりに本来の津田を其所に認めたような気がした。彼女は肉の上に浮び上がったその微笑が何の象徴《シムボル》であるかを殆《ほと》んど知らなかった。ただ一種の恰好《かっこう》を取って動いた肉その物の形が、彼女には嬉《うれ》しい記念であった。彼女は大事にそれを心の奥にしまい込んだ。

その時、二人の微笑は俄《にわ》かに変った。二人は歯を露《あら》わすまでに口を開けて、一度に声を出して笑い合った。

（『明暗』百十一／傍点は引用者）

現代の家族療法の視点からすれば、この場面で夫婦が交わした「微笑」と「声に出す笑い」の違いは、とても大きいといえます。直前まで対立していた夫婦が、いわば一人称単数（己と私）の世界から、一人称複数（己たち、私たち）の世界に飛躍し、「チーム」となって義妹に対峙した瞬間を写生しているからです。そして、その主導権を握っていたのが、妻の発した理由なき「微笑」だったことにも、注目したいところです。さらに、この瞬間のできごとを見事に切り取り（フレーミング）、文字化し、後世のわれわれに残してくれた漱石の力量に感謝せねばなりません。

現代日本を代表するノーベル賞作家の大江も、『明暗』の解説文のなかでこのシーンに注目し、「小説を書く者の経験にたちつつ『明暗』の構造を読み取ることをして、いま強い磁気をおびて押し出て来るのを感じる情景は、津田とお延がそれぞれにちがう理由で憂鬱になっていたあと、顔を見合わせて理由もなく微笑するシーンである」（大江、一九九〇／傍点は引用者）と評しています。

ここで、大江は「理由なき微笑」と表現していますが、家族システム論の立場からすれば、そこには明確な「理由」が認められます。それは、夫婦が連合を組んで義妹と対抗する「暗黙のサインプレー」だったと理解できる要素があるからです。あるいは、「家族境界の明確化」という表現を使うことができるかもしれません。この場合には、夫婦が二人で設定する「家族境界」の内側にいて、義妹はその外側に置かれることを意味します。つまり、夫婦が一致して義妹との間に明確な一線を引いたことを意味します。

いずれにしても、「文字」という人類の発明のなかでも最も重要な手段であり、しかもその言語システムの構造が最も複雑とされる日本語の特性を駆使して、漱石は結婚初期の夫婦が心の絆を結ぶ瞬間の過程を、まるでビデオのスローモーションで再生するかのように、克明に描き出しています。漱石の観察力は、実際には経験できないはずの妻の視点から、夫の微笑を口元の「肉」の「動き」として写生しています。現代映画の手法として開発された「カメラワーク」のように、漱石の観察眼は主人公の夫の顔面に「ズームアップ」し、口元の筋肉（口角挙筋）の微細な変化を文字に置き換え、日本語の文章として表現しています。

読み手は、この文章を読み進めることによって、実際には目にすることのできない光景を想像し、頭のなかで自らの体験として思い描くことができます。そして、この読み手の読書体験が他者に語られることによって共有され、さらにその輪を広げることになります。その連鎖の波は、百年後の現在にまで及んでいるのです。驚くべきこととといわざるを得ません。『明暗』に限らず、漱石の作品がいまだに読み継がれていることが、その何よりの証左といえます。

その理由を少し考えてみたいと思います。手がかりは、やはり予兆としての微笑です。万能の天才レオナルド・ダ・ヴィンチが描いた「モナリザ」が、その謎めいた微笑によって多くの人々を魅了して止まないように、微笑には、どこか人をひきつけて離さないところがあります。つまり、読み解こうとしても完全には読み解けない、謎の部分が残るからでしょう。科学や論理の世界では、謎は「仮説」として扱われることになり、確度の高い証拠の提出を前提とする煩瑣な実験や証明の手続きが求められることになります。

論理や科学的実証とは縁遠いと見られる夫婦関係でも、ときに謎の解明作業や証拠の提出が求められることがあります。夫が、妻から「浮気の証拠」を突きつけられて四苦八苦する場面は、珍しい話でもありません。『明暗』の夫婦のように、微笑から互いに声を上げて笑い合う哄笑にいたるまでには、長い道のりが待ち受けていることも少なくないようです。漱石にしても、『明暗』で微笑から哄笑への変化の過程を描くまでに、二〇年の結婚の体験を要したといえます。

『明暗』の場面では、わずか数秒にも満たない瞬間に展開された夫婦の間の出来事が、実は最後まで別れなかった二人の、二〇年に及ぶ苦闘の成果を圧縮し、要約しているのかもしれません。先に引用した大江の解説文では、この点が強調され、さらには未完に終わった『明暗』の、その後の展開を見通した独自の考えが示されています。漱石の投げかけた問いは、常に次の問いと想像力を読者に呼び起こすようです。

大きい病を克服した漱石が、『明暗』を書きあげていたとすれば、そのしめくくりには、再びこの微笑と声に出す笑いが、それも現実の経験にきたえられたかたちで恢復したのではなかっただろうか？　生涯の最後の創作に、漱石がそういう微笑、笑いを思っていたのであるなら、かれが到達した「則天去私」という最終の思想は、決して楽観的なものではなかったにしても、根底に積極的な意志をひそめていたはずだと思うのである。

（『明暗』解説／傍点は引用者）

ここで再び漱石と鏡子の夫婦関係に話を戻し、なぜ微笑や笑いが夫婦和合の予兆となり得るかについて考えてみたいと思います。処女作である『吾輩は猫である』の誕生にも深くかかわり、また妻の占い好きにも関連するものとして、夏目家に住みついた「黒猫」が果たした陰の役割（黒子の役割）に注目します。なぜなら、この謎めいた人ならぬ「生き物」が巻き起こす珍事によって、緊張感漂う家庭内に笑いが巻き起こり、いつのまにか夫婦間の険悪な空気も一掃されることになったからです。さらに、黒猫の存在が夫婦関係の病理の進展を食い止めたばかりでなく、夫の作家への転職やその後の活躍のきっかけにさえなったからです。

処女作『吾輩は猫である』の猫がもたらした明るい笑いは、声を出す笑いです。ある面では、強い緊張感に曝された人間が、無意識に大声で笑うことによって防衛しようとする、「躁的防衛」としての「哄笑」に近いかもしれません。しかし、未完の絶筆『明暗』に描かれた、夫婦の間の微笑みと微笑返しの反復が生み出した笑いは、質が異なっているように感じられます。そこには義妹という「共通の敵」の存在が前提となっているだけに、まだ「則天」に繋がる「去私」の心境にまでは至っていないかにみえます。大江が先の解説で示唆しているように、夫婦の恢復を証明する微笑や笑いを実現する最終的な課題の解決はまだ達成されないまま、後世のわれわれに託されたのかもしれません。『明暗』は、次の一文で締めくくられています。

清子はこういって微笑した。津田はその微笑の意味を一人で説明しようと試みながら自分の室《へや》に帰った。

（『明暗』百八十八／傍点は引用者）

四章　父親の子育て物語

夏目漱石と長男純一（前列右）と次男伸六（前列左）
［撮影／新潮社写真部］

『明暗』は、漱石夫婦が結婚二〇周年を迎え、かつ漱石が亡くなった年でもある一九一六年（大正五年）に書かれています。この未完の大作は、新婚夫婦の物語でした。つまり、家族人生周期の第一段階を、おぼつかない二人三脚で歩みはじめたばかりの男女の物語でもあったのです。次の第二段階で第一子が誕生し、夫婦は「父親」と「母親」というそれまでに経験したことのない未知の役割を、それぞれ担うことになります。子どもの誕生によって一組の父親と母親が誕生することは、当たり前のようですが、根の深い問題の「発端」ともなります。この問題を解くに当たり、従来は軽視されることが多かった父親の役割に焦点を当てます。父親個人の人生周期と子育てにおける役割との関係を、「家族人生周期」の枠組みから詳しく読み解いていきます。ここでも、漱石夫婦をモデル事例として取り上げます。この事例検討を通じて、二一世紀を生きるわれわれにとっても役に立つ、「家族再生のヒント」が発見できればと考えます。

一、父親の子育て

「父親」誕生前後の物語

ある男の子が誕生する時点から物語が始まります。いうまでもなく、その男の子とは夏目漱石のことです。度重なる動乱や天変地異に見舞われた江戸末期、しかも当時の庚申信仰では凶年とされる年に生まれ落ちた彼は、実父から疎まれる存在でした。養父母の離婚によってやむなく実家に引き取られたものの、一四歳で実母を亡くした彼は、独力で人生を歩む以外になかったのです。およそ恵まれたとはいえない家庭環境にありながら、その類い稀な感性と集中力によって、彼は徐々に学力を身につけ、迷いつつ英文学への路を歩み始めます。しかし、当時はまだ英文学を専門とする「英文学者」などといった職業は存在せず、必要とされていたのは英語を教えることのできる日本人教師だったのです（亀井、二〇一二）。当時は、大臣並みの高給を要する「お雇い外国人」に替えて、低額の給料で雇える日本人英語教師の養成が急務となっており、その指導者として東大英文科卒の俊英であった漱石に英国留学の官命が下ったのです。

実際、大学院を修了した後に高等師範の英語教師を短期間勤めた後、松山の中学校の英語教師として赴任します。この突然の「都落ち」の理由としては、失恋によるものだとの説があるものの、真相はわからずじまいです。松山中学での給料は校長よりも高給であったにもかかわらず、彼はわずか一年で辞職し、遠い九州・熊本の高校の英語教師として赴任します。同時に新居での結婚生活が始まることで、ようやく英語教師としての安定した人生航路を進むかに見えました。

しかし、『門』で描かれた妻のように、彼の妻は流産や重いつわりによってまさに「産みの苦しみ」を味わうことになりました。幸い無事に長女が産まれ、ようやく「父親漱石」が誕生しました。父親としての彼は実父とは異なり、娘の誕生を喜び、とてもかわいがったようです。その子煩悩ぶりは、妻の回想記につぎのように記されています。

> 夏目はよくこの赤ん坊を膝の上にのせて、つくづく顔を見ながら、
> 「もう十七年たつと、これが十八になって、俺が五十になるんだ」
> などと独語《ひとりごと》ともつかず申しておりましたが、偶然の一致とは言え、ほんとうに筆子が十八の時五十で亡くなりました。そんなことを考えるとちょっと妙な気がいたします。
>
> （『漱石の思い出』十／傍点は引用者）

虐待事例の病理論として用いられることの多い「世代間連鎖」の概念からすると、実父から半ば見捨てられたような体験をしていた父親（漱石）が、娘に対して自然な愛情を注ごうとしたことはつじつまが合わないようにも思われます。しかし、これも事実だったのです。第一子誕生後まもなく、妻は第二子を懐妊し、早くも二人の子どもの父親になることが予見される時点で、夫に英国留学の官命がくだります。英国での孤独な留学生活は、この若き父親に特異な心理的体験を強いることになりました。いわゆる「創造の病」ともみなされる、心の危機の体験でした。「英語漬け」と表することができるほどに、ほぼひきこもり状態で大量の洋書を読み続けた結果、父親の頭脳は部分的に「英語脳システム」と化し、それまでに構築していた「日本語脳システム」と統合できなくなったようです。やむを得ず、その状態のままで帰国しますが、他に選択肢はなく、母校の英文科初の日本人教師として学生に英文学を教え始めます。

やがて、この父親は教師としての適応障害に苦しむようになります。前任者のお雇い外国人（ラフカディオ・ハーン）に傾倒していた学生の受けは悪く、彼も苛立ち混じりに強く学生を叱ることもあったようです。その叱責を受けた学生のなかには、有名な辞世の句を残して自殺した学生もいたことから、その関連を取りざたする説さえあるようです。家庭では、別居騒ぎの渦中で第三子が生まれます。三人の乳幼児の子育てに追われる妻との葛藤は、さらに強まっていきます。一方で、律儀な性格の彼はさまざまな些事についても怠ることをよしとせず、大学と自宅の間を生真面目に行き来する苦行僧のような生活を続けていました。

　まもなく精神的な限界点に達しようとした時に、偶然に迷い込んできた黒猫の挙動に触発され、彼の頭脳は、突然日本語による家族物語の創造（『吾輩は猫である』）に向かうことになります。それも、人ならぬ「猫」に成り変わることによって、人間的苦悩を抱え込んだ「自分」自身から抜け出し、「メタレベルの視点」を確保することができたのです。その猫が話す言葉は、商売道具となっていた英語ではなく、幼い時より耳にしていた母語としての「日本語」であり、口調は江戸っ子のそれでした。創作に向かう父親の脳裏に浮かんできた場面は、自宅の日常だったのですが、そこで飛び交う台詞は、父親になじみの落語の世界で発せられる滑稽味を帯びたものでした。「突っ込み」の台詞だけが蔓延し、息詰まるような現実の家庭の雰囲気とはちがって、まるで「ぼけ」だらけの「猫」が語る珍妙な家族の物語を創造する過程は、父親の煮詰まった頭脳を「開放」し、高笑いと共に大いにリラックスすることができたのです。日本語による創作は、この父親にとって格好の「自己治療」となることに気づいたのです。

　幸い、この「笑い」の効果はたちまち友人たちの共感を呼び、雑誌での連載を経て、単行本の出版にまでいたりました。『猫』の斬新《ざんしん》な笑いは、つぎつぎに読者を獲得する事態を招きました。文字通り、迷い猫が福猫へと「化けた」のです。父親の自虐的ともみえる「笑い」がマスメディアを通じることで、公共の「笑い」へと転換し、ユーモア文学という、市井の人々が歓迎するジャンルを確立することに繋がったのです。「偶然」の連鎖が生み出した「幸運」といえます。さらに興味深いことには、『猫』の執筆がまだ続いている最中に『坊ちゃん』の執筆を開始し、わずか一週間ほどで書き上げています。この物語の舞台は、父親の独身時代最後の松山での教師体験がもとになっていることは、よく知られています。この時点で、父親の頭脳は「猫」の視点を借りることなく、「おれ」自身の視点で、無鉄砲な青年教師の冒険物語を一気呵成に語っています。江戸っ子のべらんめい口調で語られる、数々の悪口雑言と共に、幼い頃からの積年の思いを吐き出したかったのかもしれません。

『吾輩は猫である』や『坊ちゃん』、ついで『草枕』等、場面設定の異なる作品が世に知られるにつれ、近代的なマスメディアの牽引役になりつつあった新聞社が、この父親に目をつけたのも当然と思われます。同時に父親も、大学教師という職業への不適応感をよりいっそう募らせ、大学の組織論理に従わねばならない不自由さと、創作活動で自分本位を貫くことの矛盾を解消するために、最終的に東大を辞める決意を固めたのでした。

在宅勤務の父親という存在

母校の教師をわずか四年で辞めた父親は、新聞社という組織の一員でありながら、創作に専念するために在宅勤務となりました。このような勤務形態は、現在ではさほど珍しいものではなくなっていますが、一〇〇年前のことですから、当時にしては先進的なことだったといえます。また、入社に当たっては細かな条件を確かめた上で契約を結んだことなども、英国留学の影響をうかがわせる欧米風の職業意識の現れであり、現代のワークライフ・バランスの発想を先取りした生活設計とも見ることができるかもしれません。もっぱら日本語で文章を書き、それを生業とする決断をしながらも、その生活基盤を確固たるものとするためには、欧米流のライフスタイルを意識的に選択していることになります。ここには、したたかな生活者としての父親の一面も垣間みることができます。

新聞社入社後から死に至るまでの一〇年が、この父親の職業作家としての正味の年月でした。この間に、さらに三人の子どもが生まれ、合計七人の子どもに恵まれた父親の後半の人生が展開されました。現代では七人の子どもがいる家庭は少なく、標準家庭での父親の子育ての参考にはならないと思われるかもしれません。しかし、現代の「影が薄い」とされる父親の対極に位置すると思われる漱石の、「父親」としての姿を直視することによって、「影の濃い父親」や「存在感のある父親」が意味する内実を掘り下げることができるのではないでしょうか。日本人の父親が職場や組織の論理やしがらみを離れ、もっぱら「家族の論理」の枠組みの中で子育てに関わることで、はじめて体験できる心の在り様が見えてくるかもしれないのです。

漱石が生きた明治時代と同様に、現代の職場の環境は激変し、強大なグローバル化の波に翻弄され続けています。さらに、東日本大震災の発生によって、東北の被災地を中心とする地域や職場が壊滅的な打撃を受け、その再建は始まったばかりです。選択の余地なく、在宅勤務や自宅待機をせざるを得なくなった父親が多数存在するようになりました。復興の原点は、まずは小さな「家庭の再建」が土台になることでしょう。その際には、父親が子育てに直接関与せざるを得ないはずです。これまでのように、職場や組織の論理に縛られ、心の自由を奪われて、家庭での「影が薄く」ならざるを得なかった日本の父親たちに、何かしらの変化の兆しが現れるかもしれません。

ただし、父親の在宅勤務が子育てに有効だと単純に主張しようというのではありません。在宅勤務をしたくともできない父親は、それこそ無数にいるからです。ここでは、日常的な生活空間のなかで、父親が長時間在宅し、子どもたちとの物理的な距離が近い場合には、どのような心理的な問題が発生するかをみていきます。また、その影響がどのように広がるか、あるいは後々どのように持続するかを見ていきます。私の立場は、在宅勤務の子育てにも「功罪両面」があることを率直に認めるものです。

実際、職業作家として在宅時間が長くなり、仕事に専念できるようになった四五歳から四七歳にかけて、漱石の精神状態は危機的な局面を迎えます。自身でも、午前中の執筆を終えると、午後は努めて絵を描くなどして頭の疲れをとり、気分転換を心がけていたようです。しかし、この時期には自分でも抑制できない心理状態になることが多く、再び夫婦関係も悪化し、一〇年ぶりの危機状態に陥ります。さらに、胃病も悪化し、家族にとっても最悪の事態に陥ったようです。このような状況にもかかわらず、妻は前回の危機体験から得た知恵を生かし、夫の言動のわずかな変化から心理状態が悪化する予兆を見抜くようになっていました。子どもたちにも被害が及ばないように、細心の注意をはらって対処していたことが、次の妻の回想記からも読み取れます。

それからこの泣き虫（筆者注：次男）が泣くのを、みんながいじめるからだと言って、泣くとは出て来て、いい子だ、いい子だ、お父さんがついているからだいじょうぶだよと言ってあやすのです。だんだん聞いてみると、自分が末子で皆にいじめられ、そのうえ父からもかわいがられなかったから、この子も末子でみんなにいじめられて泣くのだろう。けれどもこの子には、父たる自分がついていて、みんなから守ってやるとこういう意味なのです。ところがその泣き虫は、その実夏目の怖い顔を見るとなおいっそう泣きたてるのだから世話はありません。

こうなって来ると、いつもの式で、またも別れ話です。しかし今おまえに出て行けといっても行く家もないだろうから。別居をしろ、おまえが別居するのがいやなら、おれのほうから出て行くとこうです。で、別居なんかいやです、どこへでもあなたのいらしたところへついて行きますからと、てんで取り上げませんのでそれなりになるのですが、いつもきまって小うるさくこれをいうのでした。そうしてしまいに胃を悪くして床につくと、自然そんなこんなの黒雲も家から消えてしまうのでした。いわば胃の病気がこのあたまの病気の救いのようなものでございました。

（『漱石の思い出』五十一／傍点は引用者）

この回想記から、自身の言語脳の能力を最大限に発揮させ、命がけで作品を生み出そうとした創作の作業は、父親の心のバランスを乱し、極限状態にまで追い込んでいったことが解ります。さらに注目すべきことは、この危機の渦中で妻が示した決然たる態度です。「別居なんかいやです、どこへでもあなたのいらしたところへついて行きますから」と言い放ち、子どもが恐怖で怯えるほどの形相で別居を迫る夫を一蹴した妻の「胆力」は、恐るべきものです。しかし、新妻であった頃の妻は、そのような豪胆ともいえる態度を示せるような女性ではありませんでした。そのつど「産みの苦しみ」を味わいながら七人の子どもの母となり、その子らを育て上げねばならない使命を帯びた自分としては、貴重な収入源でもある夫と離れて暮らすことはできない、あくまで「密着します」と宣言してしまう気概に、読み手は圧倒されるばかりです。

父親の子育て分担

現代のように、大部分の出産が産院か病院の産婦人科で産婦人科医の手に委ねられるのと異なり、漱石の時代には在宅での出産が普通で、産婆が新生児を取り上げることが一般的でした。つまり、在宅出産が普通のことであり、子どもは「家庭」のなかに生まれ落ちていたのです。そのような社会的背景のなかでも、特筆すべき家族の物語があります。それは、四女出産の折に父親が大奮闘した事件の話です。

早朝に陣痛が始まったために、産婆の到着が間に合わず、あろうことか作家の父親が取り上げ婆さんの役をやらされる羽目になったのです。分娩を終えたばかりの妻の指示に従って、夫（父親）は産み落とされたばかりのわが子の顔を脱脂綿でおさえようとしました。ところが、まるでなまこのように捕えどころがなく、ぷりぷり動くような動かないような、すこぶる要領を得ない動き方に気も動転してしまったのです。そこへ産婆が飛び込んできて、産婦を着換えさせ、産湯を沸かし、やっとのことで父親は産婆の大役を明け渡すことができたのでした。このまさかの産婆役は、父親の度肝を抜くものであり、まぎれもなく「子どもの実の父親」になる瞬間の体験として強烈な記憶として残ったようです。

この出産時の父親の突然の大活躍のエピソードは、産み落とされた四女自身も周囲の大人から再三聞かされたとみえて、小学校にあがるころには、自身の誕生秘話としてしっかり記憶するまでになっていたようです。その四女出産時のことを、妻はつぎのように回想しています。

これが四女の愛子で、女ばかりこれで四人です。この子が六つ七つになったころ、つくづく顔を眺めてはどう見てもわが子ながら不器量だなどと申しまして、

「愛子さんはお父さんの子じゃない。お父さんが弁天橋の下で拾ってきたのだ」などと揶揄《からか》いますと、愛子も敗《ま》けてはいず、

「あらいやだ。わたしが生まれた時に、自分じゃ脱脂綿でわたしをおさえていたくせに」とさもさも知ってるのにと言わぬばかりにあべこべに食ってかかります。

「こいつつまらないことをいつの間に聞いているんだい」などと笑っていたことがよくありました。

（『漱石の思い出』二十七／傍点は引用者）

四〇代半ばのすでに世に名を知られた作家の父と年端も行かない娘が、自分たち親子のどたばた劇風の初顔合わせのシーンを「ねた」にした滑稽話になっています。父親の際どい「ブラックジョーク」に負けるものかと、娘が切り返した台詞の内容から察するに、彼女の誕生をめぐる父親の奮闘ぶりは、すでに一家の「伝説」と化していたことがわかります。口達者な娘の見事な反撃ぶりに、「（夫が）笑っていたことがよくありました」と伝える妻自身も、そのユーモラスな二人のやり取りを、微笑みながら眺めていたのではないでしょうか。ほっとするような場面です。

この四女の出産に立ち会った父親のエピソードは、家族心理学の観点から見てとても興味深い要素を含んでいます。個々の家族成員の人生周期と家族人生周期の節目が重なり、その共通の記憶が一つの「家族物語」に収斂し、伝説化していく様相を見て取ることができるからです。さらに、その物語が記された回想記が出版されることによって、無数の日本人読者の記憶にまで取り込まれていきます。もっとも、この妻の回想記は、当時の読者層、とりわけすでに高名な作家となっていた父親を信奉していた弟子たちのなかには、亡き恩師の名声を損なう未亡人による許しがたい暴挙と感じた者も少なくなかったようです。確かに、比類なき文才を誇る恩師の恥部ともみえる行状が白日の下に曝されたように感じさせられたことは、間違いないでしょう。この回想記の出版以後、妻に対しては「悪妻」のレッテルが貼られ、そのイメージは今にいたるまで尾を引いているようです。

明治時代の男尊女卑や良妻賢母の道徳観からみれば、妻の鏡子は確かに悪妻と断定されかねないいくつかの条件を備えていました。しかし、「愚母」でもあったという悪評までは蒙っていないようです。むしろ、多くの困難をかかえながら、夭折した一人を除き、夫の死後も未亡人として六人の子どもを育て上げた功績は、誰も否定できなかったのでしょう。一方、夫の漱石も、長女が誕生したばかりの頃には、留学先であった英国からの妻に宛てた手紙のなかで、子育てにあたっての教育的な注意点を書き送ったりしていました。それから一〇年ほど後には修善寺で危篤状態となり、そのまま足止め状態になっていました。その時に、留守宅の三人の娘から受け取った見舞いの手紙に対する漱石の礼状が残されています。

けさ御前たちから呉れた手紙をよみました。三人とも御父さまの事を心ぱいして呉れてうれしく思ひます。此間はわざ〱修善寺迄見舞いに来てくれて難有《ありがと》う。びょう気で口がきけなかつたから御前たちの顔を見た丈です。

此頃は大分よくなりました。今に東京へ帰つたらみんなであそびましよう。

御母さまも丈夫でこゝに御出《おいで》です。

るすのうちはおとなしくして御祖母さまの云ふことをきかなくつてはいけません。

三人とも学校がはじまつたらべんきようするんですよ。

御父さまは此手紙あおむけにねてゐて万年ふででかきました。

からだがつかれて長い御返事が書けません。

御祖母さまや、御ふささんや、御梅さんや清によろしく。

今こゝに野上さんと小宮さんが来てゐます。

東京へついでのあつた時修善寺の御見やげをみんなに送つてあげます。

左様なら

父より

筆子
恒子　へ
えい子

（『夏目漱石の手紙』178～179頁）

まだ起き上がることさえままならない病身を押してまで、三人の娘に手紙をしたためた父親の胸のうちが、子どもにも読めるように配慮した手紙の書き振りからも、伝わってきます。なにしろ、この三人の娘の外に四歳から零歳までの子ども四人が、留守宅で大病を患った父親の帰りを待っていたのです。しかも、一家の生計は、すべてこの病気がちな父親の双肩にかかっていました。退院後まだ病状が回復しきれないうちから、『思い出すこと』などの原稿を書き始めています。そこには、筆一本で身を立てている作家としての父親の気概が感じられます。

二、息子からみた父親の子育て

息子の眼から

人生周期論を確立したE・エリクソンの娘が、父との葛藤に満ちた関係を本にして出版できたのは、父の死後一〇年を経た後の事でした。漱石の次男の伸六が、最初に父親の回想を含む随筆集を出版したのは、なんと没後四〇年を経た後のことでした。著名人の子どもが親のことを書いた本を出版すること自体が、多くの批判や感情的反発を生むものであり、子どもにとっては、社会的生命を失う危険性すら覚悟することが求められるようです。次男の伸六は出版社勤務を経て編集者やジャーナリストとして活躍した経験から、その危険性を充分に承知の上で、父の思い出を数冊の本にしています。そのなかには、在宅勤務の父親が午後になると、仕事場である書斎から執筆の手を休めて茶の間に出てきて、「甘い物」を物色する様を写生した一文があります。

ところで、父は、午後の三時か四時頃になると、きまって、書斎から、のこのこと茶の間の方へ出張って来て、何か甘い物を物色し出すのだが、特に胃の具合の悪い時には、母が、必ず、そうした菓子類を何処かへかくしてしまうので、父が頻りと、そこらの戸棚を開けたり閉めたりしながら、これを探し廻って居る姿を、私は何度か見たことがある。尤も、こんな時には、私のすぐ上の姉（四女の愛子・筆者注）が、ちょこちょこと出て行って

「お父様、お菓子なら此処にある」

と、すぐ様、その所在《ありか》を教えてしまうのがいつものことで、

「そうかそうか」

と、父も至極御機嫌のていで、

「愛子は中々親切者だな」

などと、相好を崩しながら、早速、彼女の見つけ出した菓子を頬張り、茶を飲んでから、又書斎へ引返して行くのである。

（『父・漱石とその周辺』44頁／傍点は引用者）

この夏目家の昼下がりのお茶の間シーンは、まことにほほえましいものです。夫の胃病の大敵として妻が隠した菓子を物色している父親の姿を見つけた四女の愛子は、頼まれもしないうちから父親が探している菓子の隠し場所を教えています。それを無邪気に喜ぶ父親の笑顔（原文では相好を崩すと表現）を弟（伸六）が目撃し、その映像をなんと四〇年以上も記憶にとどめていたのです。ここには、在宅で仕事をする夫の体調を心配する妻の配慮、探し物に苦慮する父親を助けようとする娘の思い、幼いながらこの一部始終を覚えていようと観察を続けた末息子のジャーナリスティックな関心など、家族内で日々進行している家族の「心の動き」が活写されています。長じてジャーナリストになったこの末息子の文章のそこここに、父親の文体が見え隠れするのは当然かもしれません。

仕事の手を休め、頭の疲れを甘い物を補給することで癒そうとする父親の心の動きをすばやく察知したのは、愛すべき四女愛子でした。この娘は、妻が早朝に産気づいたために、やむを得ず父親が産婆を務める羽目になり、産み落とされたばかりの彼女に妻の指示で大汗をかきながら脱脂綿をかぶせた、くだんの赤ん坊でした。娘個人の人生周期の出発点で共に危機を乗り越えた父との間には、格別の「心の絆」が結ばれていたのかもしれません。また、この二人から少し距離をおいて、いわば第三者の視点でこの光景を目撃していた次男の存在も重要です。この目撃談を後世のわれわれに伝えるべく文章にした次男が、父親と同じ文筆業に就いたことは、家族人生周期の視点から興味深いことです。

この次男が書き記した随筆集は権威ある学術書ではないために、家族心理学の専門書などに引用され、その書名が文献欄に記載されることは通常ではありません。しかし、これらの作品によって、個々の家族成員の人生周期が時に偶然とあいまって、密接にからみ合い、家族という特異な人間の集合体（家族システム）が生き続けていく過程を、後世のわれわれは知ることができました。当事者である息子にしか語りえない、貴重な歴史的証言であることは事実であり、この種の文献の一次資料としての価値は認められるべきではないでしょうか。

父親の神経

作家である父親は、待望した二人の男の子の教育にはとても熱心だったようです。具体的に、どのような教育をしていたのか、大いに関心がもたれるところではないでしょうか。幸い、二人の息子が小学校に上がった頃の、この父親の張り切りぶりを身近に見ていた妻の回想が残されています。

ところが男の子が小学校に上がるという段になったら、だいぶ自分に考えがある様子で、九段上の「暁星《ぎょうせい》」がいい。あすこは生徒も上品の子が多いし、小学校から外国語（フランス語）をやるし、制服もかわいいというので、わざわざ自分で行って規則書を取ってきてくれて入れたものです。というのも外国語をみっちりやらせようという考えだったらしいのでございます。

（中略）

そこで、まずフランス語をみてやるというので、学校からかえって来ると、書斎へ呼んで教えます。それを隣の部屋できいていますと、莫迦野郎莫迦野郎の連発で、とうとうしまいには男の子が泣き泣き書斎から出てまいります。どうも教えてるより、莫迦野郎の方が多いくらいです。

（『漱石の思い出』五十六／傍点は引用者）

妻の証言から推察されるように、この父親は、家庭教師としての資質にはあまり恵まれていなかったようです。その点は自分でも多少は自覚できていたと見えて、妻から「でも相手は子どもじゃありませんか。そんなに莫迦莫迦と叱ってらっしゃる間に、できなけりゃ深切に手をとって教えたらいいでしょうに」と注意されると、その後はあまり「莫迦莫迦」を言わなくなったそうです。つまり、反省のできる父親ではあったようです。

しかし、別の場面では、常軌を逸したとしか思われない行動を息子たちに取ったことも知られています。それは、父親が二人の息子を上野の見世物小屋に連れて行ったときのことでした。「やりたい」といっていた射的場をいざ前にして、上の子がしりごみをする。それをみて父親が「おい、撃つなら早く撃たないか」と声をかけます。兄は「はずかしいからいやだ」といって父親の背後に隠れてしまいました。

「それぢゃ仲六お前うて」

そういはれた時、私も咄嗟に氣おくれがして、

「羞かしい……僕も……」

私は思はず兄と同様、父の二重外套《まはし》の袖の下に隠れようとした。

「馬鹿つ」

その瞬間、私は突然怖ろしい父の怒號を耳にした。はつとした時には、私は既に父の一撃を割れるやうに頭にくらつて、濕つた地面の上に打倒れてゐた。その私を、父は下駄ばきの儘で踏む、蹴る、頭といは

ず足といはず、手に持つたステッキを滅茶苦茶に振り廻して、私の全身へ打ちおろす。
（『父・夏目漱石』、15頁／傍点は引用者）

父親は、まわりであっけにとられている長男や人々の前で次男をたたいたあげく、さっさと先に帰ってしまったのです。この事件を起こした父親の「心の闇」を不思議に思っていた次男は、長じた後に父親の作品中に、その「答え」らしきものを見つけます。「小さい子どもは何でも人の真似をする、とくにウチの男の兄弟などは、弟のほうが何でも兄のとおりにして、ついて歩いている。恐るべく驚くべき彼は模倣者である」という、文章を見つけ出しました。次男はこの父親の書いた文章を読み、そこに父親の「生来の激しいオリジナルな性癖」からくる「模倣者達」や「偽善者達」への「軽蔑」と「憎悪」をかぎとったのです。

子どもの心の成長にとって、このような父親の行状がどのような悪影響を与えるか、心配しないわけには行きません。何か取り返しの付かない「トラウマ」となってその子どもの将来を閉ざすことになるのではないでしょうか。ここに、その次男が父親の不安定な精神状態について記した証言があります。

尤も、周期的に、父の頭脳を襲った神経病が昂《こう》じて来て、次第に、唯ならぬ様子をその周辺に感じ始めると、母や姉達は無論のこと、果ては小さい吾々から、女中の末に到る迄、いつの間にか、その気配を察知して、戦々兢々《きょうきょう》と息をひそめ、家中不気味にしいんと静まり返って、廊下を踏む、微かな自分の足音にさえ、気をつかう有様だったが、病状もおさまり、平静に戻った時の父は、姉達が、隣りの部屋で、いくらピアノを鳴らそうが、男の子達が書斎の廻りの廊下を、傍若無人に駈け廻ろうが、そんなことで、吾々をどなりつけた事は一度もない。

(『父・漱石とその周辺』63頁／一部傍点は引用者)

父親から理不尽な扱いを受けながら、それでも平静な時の穏やかさの記憶によってバランスを取ろうとしている息子のけな気さが胸に迫ります。一歩間違えば、この親子の関係は、かなり危うい状況に陥ったのではないでしょうか。この父親が四九歳で病没した後、一七歳の長女を頭に八歳で末っ子の次男まで六人の子どもが遺児として残されました。三九歳で未亡人となった妻は夫の死後、子どもたちを育てながら大正・昭和の激動の時代を逞しく生き抜き、四七年後に八六歳でこの世を去りました。夫の父親歴は一七年であるのに対し、妻の母親歴は通算すれば六三年にも及びます。親としては、この夫は妻の四分の一しか貢献できていないと見なせるかもしれません。もしかすると、子どもたちが父親から受けた心の傷は、母親によって癒されたのかもしれません。

一方、未亡人となった妻にとっては夫が命を削るようにして生み出した作品がもたらす多額の印税によって、その死後も生活を維持できた側面もあります。二人の息子は、そろってヨーロッパに遊学し、母親からの潤沢な送金によって当時の同世代の日本の青年には及びもつかないような贅沢な生活体験を謳歌できたようです（夏目、二〇〇三）。子どもたちにとって、生前の父親の怖い印象が消えずに残ったとはいえ、未亡人となった母親と子どもたちが安心して生活できるだけの経済的基盤は、その父親が書いた本の印税によって支えられていたことも、また事実なのです。

息子がみた父親の仕事ぶり

六人の遺児のなかで、父親のことを書いた本を出版したのは、次男の伸六だけです。その次男にとって、父親の仕事ぶりはどのようにみえていたのでしょうか。父親の死から五一年後に出版された随筆集のなかに、その様子が記されています。

晩年、父が、自ら語ったところに依ると、

「執筆する時間は別にきまりが無い。朝の事もあるし、午後や晩の事もある。新聞の小説は毎日一回づつ書く。書き溜めて置くと、どうもよく出来ぬ。矢張り一日一回で筆を止めて、後は明日まで頭を休めて置いた方が、よく出来さうに思ふ。一気呵成と云ふやうな書方はしない。一回書くのに大抵三四時間もかかる。然し時に依ると、朝から夜までかかつて、それでも一回の出来上らぬ事もある。時間が十分にあると思ふと、矢張り長時間かかる。午前中きり時間が無いと思つてかかる時には、又其の切り詰めた時間で出来る」

（中略）

要するに、父が以前の「一気呵成」と云った執筆態度をやめ、毎日こつこつと、筆を進める様になったのは、どうやら朝日へ入社して、始めて新聞小説を書き出してからの事らしく、寧ろ時間に余裕の出来た事が、却って、じっくりと腰を据えて創作に当たろうと云う、逆の習慣を産んだ様である。

（『父・漱石とその周辺』１０５～１０６頁）

このように回想する次男と父親の直接のやり取りは、記憶に残る範囲としては、せいぜい四～五年のものだったはずです。他の五人の子どもにとって在宅する父親がどのように映っていたのかは、断片的な伝聞によるもの以外は確たる資料は残されていません。それだけに、次男伸六の書き残したもののなかに、貴重な情報が埋もれている可能性があります。

次男の処女作とも言える『父・夏目漱石』（一九五六）の最終章には、「漱石の母とその里」という一遍が収められています。この作品は、家族心理学から見て貴重な文献資料といえます。なぜなら、父親の漱石自身が果たせなかった母親千枝の「里」（母方の原家族）について、次男伸六が独自に行なった調査によって判明した新たな事実が記されているからです。とりわけ、母方の親類の老婆から直接に聞き取った内容から、通説では、父親の「虚構」と看做されていた母方の里の商売についての説明が、史実と合致することを突き止めたことは、大きな功績とみなすことができます。

文脈はまったく異なるのですが、この次男による調査には、生前の父親にとっての難問であった禅の公案「父母未生以前本来の面目」の解明にも繋がるような意味合いが含まれているように思います。父子二代に渡る「自己探求の旅」が、父親の気質に最も近いとされた文筆業の次男によって、しかも没後四〇年近くになって敢行されたことは、実に印象深いことだと言えます。

この本に序文を寄せた作家の獅子文六は、「私は、だんだん、伸六君とつきあつていくうちに、彼が、父親から譲り受けたものは、人相ばかりではないことを、発見した。それを、細かく擧げることもないが、とにかく、漱石の子供に、まちがひないのである。少し、ニヒリスチックなところがあるが、これも、モトをたゞせては、親父の中にもあるかも知れない。たゞ、文豪なぞになると、あまり、ニヒリスチックにもなつてゐられない事情がある。しかし、文豪を父に持つた子の身になると、事情は、逆である。私も、文豪なんか、父親に持ちたくない」などと、述べています。
次男が父親といくつか似た点があったことについては、本人もかなり意識していたようです。また、父親の方でも、次男が自分と同じ末子であることのみならず、他の家族とも異なる特異な気質をもっていることに気づき、それを積極的に受け止めようとする姿勢を見せていたようです。少なくとも、次男自身は、そのような父親の態度に対して、次の文章に記されたような特別の思いを抱き続けていたのです。

後年、母から、それ迄木綿裏のふだん着より着たことのない父に、絹裏の着物を仕立てたところ、それを着た父が、いつになく、軽くさらさらとして、着心地《ごこち》が良いと、非常に喜んだと云う話を聞いて、その時、ふと私は、ひょっとしたら、父にも、幼時、多少私に似た性癖があったのではないかと考えたことがある。が、いずれにしろ、家中で唯一人、父だけが、私の癇性を理解してくれたと云う事実は、この思い出を、それから既に、半世紀近くを経過した今も尚、不思議な程、鮮明に、私の脳裏に蘇らせてくれるのである。

（『父の法要』163頁／傍点は引用者）

これは、私の推測にしか過ぎないのですが、遠い日の父親の暖かな記憶が、次男に幼い頃の被虐待体験の悪影響を最小限に免れさせたのかもしれません。次男に限らず、人はトラウマのような負の体験のみならず、それを打ち消すだけの肯定的体験も同時に記憶しようとするのかもしれません。危機体験の影響が「吉」と出るか、それとも「凶」と出るかは、取り巻く他の家族の出方次第でもあります。処女作『父・夏目漱石』のあとがきで、次男伸六は、次のように記しています。

……この母にとつてはその内容が面白からうが、つまらなからうが、そんな事はどうでも好いので、唯息子の本が出ると云ふ事それ自體が嬉しいのだらう。だからその意味で、私にもこの出版は嬉しいのである。不孝者の私が、この年になつて、やつと少しでも年をとつた母の喜ぶ顔が見られると思ふからである。

（『父・夏目漱石』あとがき／傍点は引用者）

この時、息子の彼は四八歳で、母親は八〇歳になっていました。夫の死後、女手一つで育てあげた六人の子どものなかの末息子が、人生の有為転変《ういてんぺん》を経て、四〇年後に夫と同じ「作家」になったことを喜んだのは、当然かもしれません。亡き父が、兄のまねばかりする弟の態度に激怒し、狂気とも見えた折檻を加えた事件から数えて四四~四五年の歳月が流れたことになります。もし父親が生きていたとしたら、もはや息子を「模倣者」と侮ることはなく、大いに喜んだのではないでしょうか。同時に、それは老いた母の、切なる願いでもあったように思われます。

三、孫からみた祖父の子育て

孫娘からみた祖父

時代は巡りめぐって、昭和・平成の時代に移ります。世代も子どもから孫に移ることになります。漱石の孫たちは、いずれも彼の死後に生まれており、誰も直接に漱石を知る者はいません。その孫のなかには、偶然のいきさつでアメリカに渡った者もいました。それは長女筆子の娘陽子で、一九五二年にガリオア奨学金の試験に合格し、たまたまオレゴン州のユージンにあるオレゴン大学に留学することになったのでした。四年後にアメリカ人の夫と結婚し、やがて永住することになったのです。陽子は、これ以後、日本に帰国することなく、オレゴン大学で日本語や日本近代文学を教えることになります。ここにも、「偶然」がもたらしたユニークな、漱石をめぐる家族の物語があったのです。

その彼女に、三〇数年ぶりに日本に帰国し、二年ほど、祖父の生誕の地である西早稲田で暮らす機会が訪れます。その際に、陽子は祖父の足跡を辿る心の旅を経験することになります。その経験をまとめた一書が、『孫娘から見た漱石』（一九八四）であり、その冒頭で、家庭内での父親としての漱石像を取り上げています。最初のシーンとしては、『道草』に描かれたような穏やかな父親像に焦点が当てられます。それは、父親が長女（陽子の母親）を乳母車に乗せて町のなかを後から押して歩く姿でした。孫としての陽子は、その箇所を、三二歳で父親になった祖父の誇りと慈愛が濃やかに滲み出ている文章だと感じたようです。

しかし、事実はこの印象とはかなり違っていたことを、帰国時に自分の母親から直接聞いた話として紹介しています。それは、奇しくも祖父の肖像が千円札に使われることになったその年のことだったそうです。その一九八四年当時、すでに八五歳になっていた陽子の母親（筆子）に、その千円札を見せて、誰だか分かるかと尋ねると、「もちろん分かるわ。お父様でしょう。とても怖かったわ」と、まるで昨日のことのように言ったそうです。そこで、陽子はなぜ祖父が子どもたちにそれほど恐れられたのか、その理由を詳しく知りたいと思うようになります。その探索から、次のような祖父の「父親像」が浮かんできました。

だから私の母の父親に対する恐れは、既にその最初の神経症の時、即ち母がまだ四、五歳の頑是無《がんぜな》い子供の頃からということになる。英国留学前、初めての子としてあれほど愛した筆であったのに、ロンドンから帰った漱石を迎えたこの娘を新橋駅で見た印象を『道草』の中で次のように語っている。

彼女自身の容貌もしばらく見ないうちに悪い方に変化してゐた。彼女の顔は段々丈《たけ》が詰つて来た。輪廓に角《かど》が立つた。健三は此娘の容貌の中《うち》にいつか成長しつヽある自分の相好《そうごう》の悪い所を明らかに認めなければならなかつた。（八十二）

そして私の母は母で、父親を見た途端「なーんだ、お父様、お父様っていうけど大したことないわね」とか、こまっしゃくれた口をきいたということだ。つまり二年半ぶりの親子の再会の瞬間は何かお互いにがっかりしたものであって、それが生涯呪いのようにつきまとった感がある。漱石の英国留学は、彼の学問、そして後年の彼の文学活動に紛れもなく重要な影響を与えたわけで、それなくしては彼の数々の作品は生まれなかったに違いなく、読者としての我々は、苦しいほど勤勉に過ごし、ひいては身も心も痛めつけた二年間と少しの歳月を、日本文学のために祝福したいところである。しかし、その同じ二年がいかに漱石自身を、そして彼の家族を幾度となく不幸に追いやったかということを考える時、その皮肉の前に言葉がない。

（『孫娘から見た漱石』27〜28頁／傍点は引用者）

陽子は、祖父の作品である『行人』や『道草』を一〇回以上も読み込むなかで、読むたびに新しく人間の痛切な孤独をそこに見出したのでした。その万感こもる祖父への思いを、次のように吐露しています。

> 激しい鬱病の発作を恐れた彼の家族、即ち私の祖母や母、また、叔父や叔母には今でも私は深い同情を寄せている。しかし同時に、家族の中にいながら淋しく苦しんだであろう漱石にもっと同情しているかもしれない。家族は彼ほど鋭敏な神経を持っていなかったし、その上、彼らはお互いを慰め合うことが出来た。しかし漱石は家族の中でもいつも一人ぼっちであったのだ。偉大なる文学者であったと同時に、家庭では痛ましいばかりに淋しい父親であったというのが、孫の一人としての私の漱石像である。
>
> （『孫娘から見た漱石』39頁／傍点は引用者）

おそらく、血を分けた孫娘だからこそ、しかも祖国日本を遠く離れ、アメリカという異文化社会のなかでアメリカ人の夫と長く暮らした日本女性だからこそ、誰も知ることのなかった祖父の「父親としての淋しさ」に共感できたのではないでしょうか。それは、いわゆる「影の薄い父親」、あるいは「存在感のない父親」の心のなかに想定される心情とは異なる、「絶対的孤独」とでも表現する以外にないような類いの強烈な寂寥感だったのかもしれません。同時に、陽子がアメリカの学生に日本語や近代日本文学を教える目的もあって、祖父の作品を丹念に読み込む作業を続けたことは、一人の日本人の父親としての祖父の「心の闇」を解明する上では、またとない機会だったのではないでしょうか。

私が専門とする心理療法では、相談に来られるクライエントと同じ場所で、同じ時間を共有し続けることによって、ある種の「定点観測」のような効果が生まれることがあります。ちょうど、水面の上から水中の魚の動きをとらえるために、自分の動きを止めて凝視し続けることで、ようやく対象の形象を認識できるようになることに似ています。孫である陽子がアメリカ社会の枠組みという異質なフィルターをいったんくぐったのちに、母国語である日本語で書かれた文章を読み解くことで、はじめて一人の父親としての祖父の心の闇に潜む「無言の叫び」が聞けたのかもしれません。

孫息子からみた祖父

同じ孫で、長男純一の長男である夏目房之介は、マンガ評論家として現在も活躍中です。彼にとっても、祖父は会ったこともない「先祖」でしかなかったのです。しかし、文豪の孫であることが分かると、その名声ゆえに見ず知らずの他人からでさえ、無理やり関係付けられ、先入観でみられてしまう、ある種の「トラウマ体験」を、幼い頃から重ねてきたそうです。その房之介が、思春期以降に祖父の名前をうとましく感じるようになるのは、無理からぬことです。彼の場合は、紆余曲折を経てマンガ評論家となります。二〇〇二年にいくつかの偶然が組み合わさった結果、彼は百年前に祖父が留学したロンドンで祖父の足跡を訪ねるテレビ番組の素材を収録しています。その時の印象を、彼は次のように述べています。

> まさか、そんな感情がおこるとは思ってもいなかった。
>
> 漱石と号した僕の祖父が、ちょうど百年前に、ロンドンのこの部屋で文学を相手に苦闘した。その元下宿部屋に、今僕はいる。
>
> けれど僕は漱石に会ったこともない。長男だった父・純一が9歳のとき、漱石は他界している。僕はまだ生殖細胞にすらなっていない。
>
> なのに、思いのほか小さなその部屋に入ると、突然不思議な感情がわきあがった。どうせ観光地をみるような印象しかなかろうとあなどっていた不肖《ふしょう》の孫は、予想外の強い思いに、ほとんど動顛《どうてん》していた。何かを訴えられるような、忘れていたとてもたいせつなものに出会ったような気分だった。小さな窓から冬枯れた風景を眺めながら、驚くべきことに涙ぐんでさえいた。
>
> （『漱石の孫』10～11頁／傍点は引用者）

孫娘の陽子の場合と異なり、房之介のロンドンでの祖父との「出会い」は、体感的とでも表現できるものだったようです。若い頃には、迷惑とさえ感じることが多かった祖父、しかもあったことすらないその人が、自分の父親や母親すらまだ生まれていなかった時（父母未生以前）、孤独と苦悩のなかに暮らした日々の微かな痕跡が残る異国の旧居にいるだけで、予想もしなかった強い感情に心を揺さぶられたのです。

何が、彼をしてそのような体験に導いたのでしょうか。現実には出会うことがなかった二人の運命の糸を結んでいたのは、房之介の父であり、漱石の長男である純一です。房之介の父は、その父（漱石）とちがってとても長生きをして、九一歳で亡くなっています。その父との思い出を、房之介は次のように語っています。

父は、息子である僕に近親憎悪をもっていたと思う。

姉にだけみやげを買って帰ったりしたらしい。幼少の頃、母親ははたらいていて不在が多く、僕は使用人の女性にかわいがられた。その女性が怒って、わざわざ同じものを買ってきてくれたという。自分ではおぼえていないが、じゅうぶんありうる話だと思う。ちなみに、この使用人の女性も、奇妙な偶然の一致ながら「きよちゃん」とよばれていた。程度の差はあるが、漱石のコンプレックスの構造は、ひじょうに似た形で父に伝わったのだと思う。

それを確信したのは、自分自身が息子を育てた経験によっている。「ああなってはいけない」反面教師だったはずの父に、自分もやはり似ているのだ。理不尽な怒り、二重拘束的な強迫のかけかた、心理的な暴力。

もちろん、漱石からくらべれば、二代にわたってだいぶ緩和されてきているものの、本質的な構造は似ている。くわしい対比は、かなり私的な話になるので避けるが、この、まことにくだらない業の遺伝構造を、さらにはっきりと意識したのは、じつに僕の長男に長男（つまり僕の孫）が生まれてからだ。長男の孫への理不尽な怒りや心理的暴力をみると、そのくりかえしに暗澹《あんたん》たる気持ちになる。

（『漱石の孫』221〜222頁／傍点は引用者）


房之介の指摘する「業の遺伝構造」の源流は、祖父漱石の父にまで遡ることは、明らかです。房之介の孫からみれば、少なくとも六世代は連なる「業の遺伝」ということになります。なお、家族心理学では、「世代間連鎖」という専門用語を使って、このような連鎖の現象を説明します。なぜなら、「遺伝」という言葉には決定論的な響きがあり、これをそのまま受け取れば、人はなす術を失い、無力感に陥る危険性が懸念されるからです。家族への心理的支援を行なうわれわれの立場からすれば、この「タテの連鎖」の力がたとえ強大であったとしても、それを回避する余地が残されていると考えたいのです。

その際に決め手となるのが、同世代間の「ヨコの連携」です。家族にあっては、夫婦間の連携が決め手になります。すでに見てきたように、『門』の夫婦は、同世代の男女としての連携を深めていきました。しかし、皮肉なことに、この二人にとって、次の世代を産み出すことはかなわぬ夢でした。自伝的作品とされる『道草』の夫婦は、ためらうことなく母子密着を見せ付ける妻と、淋しく孤立を深める夫、という組み合わせによって、母系的な世代間連鎖のみが浮き彫りにされました。父親はまるで疎外されている図式が顕著でした（現代日本の標準的な家族システムのパターンにとても似ています）。そして、最後の作品である『明暗』に描かれた結婚間もない夫婦は、家族人生周期の原点に戻り、再度「心の絆」を結び直そうとしていたのではなかったでしょうか。

孫からみた祖父母の夫婦関係

日本の夫婦の間で強い葛藤を生じさせる背景となる社会・文化的要因については、家族療法の実践や家族心理学の研究が進んだ結果、少しずつ分かってきていることがあります。その知見によれば、夫婦の絆の強化を阻害する要因としては、子育てにおける母子密着だけでなく、夫と実家の母親（姑）との心理的密着も軽視できないようです。たとえば、『明暗』では母子密着の問題ではなく、同世代である夫の妹と夫婦の間の緊張関係が焦点になっていました。さらに、その視線の先には、兄妹《きょうだい》の両親との関係、つまり夫の実家の両親との世代間境界の問題（金銭の貸し借り）も見え隠れしていました。作品中では夫婦は連合を組み、実家の親世代に取り込まれてしまっている妹との間に明確な家族境界を設定します。そして、夫婦連合の証しとして、互いに微笑を交わし、そして声を上げて笑い合ったのでした。

つまり、心理的虐待のような「タテの」世代間連鎖の流れを食い止めるためには、同世代の夫婦がその絆を強め、自分たちを生み出した親世代との間に「ヨコの」一線を引く、ある種の「通過儀礼」のような共通体験が必要とされるようです。その際に、見えざる阻害要因として作用するのは、日本人の潜在的無意識に刷り込まれた「タテ優位の儒教的道徳観」らしいのです。具体的には、夫がタテ関係にある母親ではなく、ヨコ関係の妻との絆を優先させようとすると、内的な葛藤が生じてタテ関係の「母親孝行」の潜在的意識が強く働き、強いためらいの心情が生まれます。その夫のためらいを振り払う役を妻が積極的に担った場合、その妻は、世間的には「悪妻」の汚名を帯びる可能性が高くなるようです。

ここで、実在の孫と祖父母の関係について整理してみましょう。孫息子である房之介にとって、祖父である漱石の夫婦関係はどのように映ったのでしょうか。その判断材料として、孫息子が祖父の晩年の女性観の変化について述べたつぎの文章を紹介します。

ひょっとしたら大患以後の漱石の中で、女性の見方の変化がおきていたのではないか、と思わせるものが、ここにはある。それがもしも、かつて自分を「探偵」的に監視し、いやがらせをする女とみていた鏡子への見方の変化を意味するとすれば……。

そう思うと孫としてはやはり、どこかホッとするのである。

（『孫が読む漱石』266頁／傍点は引用者）

孫としても、大患を転機として祖父の妻に対する疑念が解消し、夫婦関係が改善したことを知ったことに救いを感じたようです。さらに、彼が祖父母の夫婦関係について直接に言及した文章についても、紹介しておきます。この考察も、専門家によるものではないものの、実の孫息子から見た祖父母の夫婦関係についての見解であるだけに、独自の価値をもっています。

僕は、祖母・鏡子と漱石のあいだには、世間が思うよりたしかな夫婦の交通があったと思っている。漱石は、そういうことを表情や言葉に出したり、まして他人向けのものに書いたりはできないタイプだろうし、またじっさい鏡子や子どもたちは、病的な時期の漱石から深い猜疑と激しい攻撃を受けていた。

それでも熊本時代、出産ノイローゼで入水自殺しそうになった鏡子と足をヒモで結んで寝た漱石の逸話や、『漱石の孫』でも書いた鏡子の切々たるラブレター、書簡集のはしばしに感じるかすかな印象、そしてのちの鏡子の堂々たる自信などを思うと、そうとしか考えられない。

漱石もまた、「自分を苦しめたいために家にいるのだ」とまで思いこんだ妻・鏡子に対し、晩年には違う気持ちをもって接していたのだろうと思う。

（『孫が読む漱石』302〜303頁／傍点は引用者）

祖父母の夫婦関係が世間で広まっているような最悪の関係ではなく、そこには、「たしかな夫婦の交通」があり、また祖父自身も夫として妻（筆者注：房之介の祖母）に「晩年には違う気持ちをもって接していた」とする、孫ならではの見解が述べられています。これを、単純に血縁であることからくる身びいきの見解だと断じることはできません。家族心理学の観点からも、根拠となった書簡や面談記録には、充分な信憑性が認められるからです。

同じ孫でも、女性であり年齢的には房之介よりも二六歳年上で、戦後まもなく渡米し、アメリカ人と結婚して大学の教員となった陽子から見ると、祖父の夫婦関係は果たしてどのように映ったのでしょうか。まず、彼女の証言に耳を傾けることにします。

しかしそれにも拘らず、漱石が祖母より母のような人を妻としたら幸福であっただろうかというと、そうとも思えない。というのは母は祖母より女らしいそして思慮深い人であったかもしれないが、祖母の持つ豪胆さ、太っ腹なところを持っていなかった。漱石の神経がしばしば異常なほど鋭敏になり、病的に振る舞ったことは既に述べた。この病が起った時は誰に対しても風当たりが強かったわけだが、自分に一番近い人としての祖母への振る舞いが勿論最も激しかったに違いない。そうしてみるとこのような夫と暮らせたのはやはり祖母の剛毅さのためであって、母のような否世間一般の女だったらとても務まらなかっただろうと私には思える。母自身も、漱石の病気の酷い時ああして我慢して何度も危機を乗り越えた自分の母（筆者注：陽子の祖母）のことを、偉かった、自分だったらとても出来なかっただろうとよく言っていた。

祖母は太っ腹であまり細かい人ではなかったかもしれないが、優しいところもあった人だと私は思っている。戦後家族が疎開したまま東京に戻らなかったので、私はしばらくの間祖母の家に厄介になっていた。昭和二十七年（一九五二）夏アメリカに発つ時も祖母の家から羽田に行った。数年間世話になっていた間に、一度私は酷いインフルエンザにやられたことがある。高熱でフーフー言っている私を看病してくれた祖母は、自分は床にもつかず真夜中過ぎても私の額の濡れ手拭いを何度も絞って替えてくれたのを今でも覚えている。考えると人間は男でも女でも相手次第でこちらの態度も変わってくる。女の私から言うと、漱石にあのような病がなく普通の夫であったら、祖母もかなり違った妻になっていたかもしれないと思うのである。

（『孫娘から見た漱石』174〜175頁／傍点は引用者）

両者の文章を比較して、同じ孫でも男性と女性では、祖父母の夫婦関係に対する着眼点が違っていることに気づかれたでしょうか。夫婦関係について中立的で平等な態度を取ることがいかに難しいか、無意識的に同性の側に肩入れした評価になりがちであることが、この比較からも分かります。明らかに、男性の房之介は祖父に肩入れし、女性の陽子は祖母に肩入れした夫婦関係の見立てになっているからです。ジェンダー問題の根は、実に深いもののようです。

さて、本章の主題である「子育て」の問題に戻り、夫婦関係との関連について再度考えてみます。その手始めに、子育ての結末に着目し、漱石の子どもたちが結局どのような人生を辿ったかを確かめてみました。その結果、長女は九〇歳、長男も九一歳まで生きたことが分かりました。その他の子どもたちも、当時の平均余命からすると比較的長寿だったようです。妻の鏡子が八六歳まで生き続けたことも印象的です。なにしろ、夫の漱石の死後四七年も生き、未亡人として六人の子どもを育て上げたのです。長女を産んだのは二三歳の時ですから、亡くなるまでの都合六三年間を「母親」として生きたことになります。片や、夫の父親歴は一七年にしか過ぎないのです。その差は、約半世紀に及びます。

もちろん、親役割の年数の差だけを問題にすべきではありませんが、漱石の妻の「母親としての実績」をまざまざと感じないわけにはいきません。同時に、未亡人となった妻と子どもたちの生活の基盤が、夫の残した遺産であった点にも、公平に目を向けるべきでしょう。その遺産は、孫の房之介が語る「負の遺産」も含め、確実に孫たちの世代にまで受け継がれているからです。

四、妻からみた夫の子育て

子どもへの愛と苦悩

漱石夫婦は、七人の子どもに恵まれたものの、末っ子のひな子をわずか二歳で亡くしています。食事中に突然ひきつけ、そのまま息を引き取ったのです。夫婦にとって子どもを亡くしたことは初めての悲しい経験であり、看護も何もできないままに別れたために、当座は何も手につかない状態だったようです。幼い娘を失った悲しみを、時に口にする夫の言葉を思い出しながら、妻は生前の夫の子育てについてのいくつかのエピソードを語っています。家族人生周期の上では、長女が小学校を卒業した頃のことです。

いったい頭さえ悪くない時には、ずいぶんの子煩悩《こぼんのう》で、子供たちが何をしようと、にこにこ笑って見ているか、自分も相手になって遊ぶか、でなければわれるような騒動の中にすわって、すましていっこう気にもかからないらしく本をよんだりしていたものでした。たとえば長女が一番先に立って、箒《ほうき》をかついで号令をかけると、みんなぞろぞろついてたいへんな足踏みで書斎の廊下を調練したりして歩いても平気な顔で、やかましいとも言わず書見しているかと思えば、前に西片町にいた時などは、二階に子供たちがいて、今にも落っこちそうに暴《あば》れても、今にどうなることかと思ったねなどとのんきなことを言って気にもとめずにおりましたくらいです。このころの子供たちのあばれようときたら大したもので、家の子供たちのほかに友達が集まってさわぎ立てるので、散歩に出て大通りから家の方へ曲がる二、三丁先の角まで来ると、ワアッワアッと家の中で子供たちがあばれてるのが手にとるように聞こえるといったわけです。しかし頭が悪くなってつむじをまげない以上ののんきなものでした。

（『漱石の思い出』３１０～３１１頁／傍点は引用者）

近所の子も交えた子ども集団が家のなかで大騒ぎしても、それをのんきに受け入れる夫の態度に、妻も安堵している心境がうかがえる文章です。これ以外にも子煩悩な父親としての夫の姿を写生した箇所があります。それは、ある日、一家総出で潮干狩りに出かけた時の様子です。

子供が亡くなりましてからというものしばらくの間は、あとの子供たちにも深切で、以前にもほとんどそんなこともなかった一家総出でどっかへ行くなどということもいたしました。一度月島《つきしま》へ汐干狩《しおひがり》に行ったこともございます。夏目も率先して汐干狩には行ったことがないから行こうと申し、子供たちも父といっしょに一家打ちそろって行くなどということはないことなので喜んで参りましたが、あいにくと風が強くて海へ出ることができません。しかたなしにやはり汐干に来て、同じく海へ出られない連中が、月島の川が海へ出るところの岸につながれて、中では飲めや唄《うた》えで踊ったりはねたりの大はしゃぎ、その酒宴の舟と舟との間に私どもの舟をつないでそれを観《み》ておりました。子供たちはおもしろがって見ておりますが、夏目も汐干よりこっちがおもしろそうじゃないかと言って喜んで見ておりました。

（『漱石の思い出』317頁／傍点は引用者）

休日に磯遊びをする現代の家族と少しも変わらない、のどかでくつろいだ風景です。創作の過程で狂気にも似た激情に駆られた時の父親とはまるでちがい、子どもたちへ注ぐ眼差しにも温かさが感じられます。その夫を見る妻の表情にも、笑みが浮かんでいることが想像されます。四〇歳代半ばで深刻な胃の病気をわずらい、危篤状態からまだ充分に回復しきれていない体調のなかで、まだ二歳に満たない最愛の末娘を突然に亡くしたショックから立ち直るためにも、残された子どもたちとの生活を楽しもうとしていたのかもしれません。子どもたちにとっても、優しさを増した父親と一緒に外出を楽しめたことは、大切な思い出となったことでしょう。また、このような一家総出の外出によって、子どもたちが父親から受けた恐怖感の幾分かは解消されたのかもしれません。

しかし、そのような穏やかな家庭生活は長くは続かず、再び精神的に不安定な状態に陥りますが、そのなかでも『行人』や『心』などの作品を生み出すとともに、時おり、「模倣と独立」、あるいは「私の個人主義」などの格調の高い講演も行なっています。この頃には、妻の鏡子だけでなく、思春期に達した長女らも加わり、家族総出で父親の発作的な暴力行為に対処していたようです。その頃のエピソードが、妻の回想記に記されています。

いちばんおかしかったのは、女中がないので、誰も書斎の縁側を拭《ふ》く者がありませんから、埃《ほこり》で自分でも気持ちが悪いのでしたでしょう。がこれも自業自得だからこっちも意地になって誰も構ってやりません。もっともそうなるとたまに拭こうとすると、拭かないでもいいと意地張って怒ってるのでいっさいよりつかずにおりますと、たまりかねたと見えてそのうちに一人で風呂場へ入って、ガチャガチャ言わせておりましたが、やがて猿股《さるまた》一つになってバケツを下げて参りました。どうするかと見ておりますと、自分で書斎の廊下に雑巾《ぞうきん》がけをするではありませんか、あまりのおかしさにこれを見た時、思わず長女と顔を見合わせてくすくす笑ってしまいました。

（『漱石の思い出』五十一／傍点は引用者）

このいささか滑稽な父親の掃除場面のそもそもの発端は、父親が女中を追い出してしまったからだったのです。そのいきさつは、こういうことでした。妻が外出していたために、父親は女中に元気盛りの息子たちを外にださないように申し渡していました。ところが、息子たちはいつのまにか、外遊びに出てしまっていたのです。それを見とがめた父親は、指示を守らなかった女中二人を人前で殴ったために、二人ともそのまま家を出ていってしまったのです。この様子を見ていた長女は、父親のあまりの行状に涙を流し、さらに女中の肩をもつ発言をしたことで、父親は何の非のない長女まで殴ってしまったのです。この事件の後には、家事を分担する女中がいない状態が続いたために、掃除が行き届かず、また家族の誰も手伝わないために、父親は自ら書斎周辺の掃除をせざるを得なくなったのでした。まさに、妻の言うとおり「自業自得」の雑巾がけだったのです。

この展開にも、家族心理学から見て、興味を引く箇所があります。それは、妻が「思わず長女と顔を見合わせてくすくす笑ってしまいました」と記しているところです。これは、妻と長女との間で、確たる「連合」が形成されていることの証拠です。直接に父親から暴力や叱責を受けた長女の心の痛手を、母親がしっかり受け止め、慰めたであろうことが推察できます。さらに、父親（夫）の理不尽さに屈服することなく、母親と長女は一致団結して父親に非協力の姿勢をとり続けたのです。その成果として、父親に「自業自得」を思い知らせることができたことを相互に確認し合ったのが、この「くすくす笑い」の真意だったのです。家族心理学では、このような親子の連携プレーを「交差世代連合」と呼ぶこともあります。つまり、これは世代が異なる親と子（ここでは母親と長女）の間で連合関係が成立し、それによって父親の暴力的なパワーに対抗する図式のこととして理解できるのです。

ただし、母と娘の「くすくす笑い」のなかに、父親（夫）への憎しみの感情を交えた「あざ笑い」や「冷笑」のニュアンスが含まれていたとすれば、長女は対立する両親の関係に終始巻き込まれ、抜け出せなくなる恐れがあります。幸い、長女は母親から安定した心理的支えを得ることができたために、さほど深刻な影響を蒙らずにすんだようです。また、母親が、長女を一時保護するように夫の兄に支援を求めたことも効果的でした。この点では、母親の「賢母」としての資質が際立っています。

私がそう判断する根拠の一つは、この悲喜劇の「語り部」としての妻（母親）が、話を切り出す際に、「いちばんおかしかったのは」と断っているからです。この明るい「フレーミング」によって、妻は夫の精神的な変調がもたらす家庭内の悲劇的状況に屈することなく、長女や夫の兄などと即座に「連合」を組んで対抗し、夫がことの結末を自ら引き受けざるを得ない状況を作り出しているからです。この局面だけを取り出せば、妻は現代の家族療法家が用いるいくつかの技法を知っていたかのようにも見えます。

というより、そうする以外に対処の術がないような極限状態で編み出された、危機当事者の「経験知」だったのかもしれません。妻が「悪妻」の汚名をあえて甘受したのも、家族を守ることを最優先にしたからかもしれません。

妻の視点とその後

家族が二度目の危機をくぐって間もなく、父親は大作『明暗』を完成させることなく、病没しました。夫の遺体が焼かれ、いよいよ骨上げをしようとする時に、妻は夫の遺体を焼いたその竈《かまど》が五年前に急死したひな子を火葬した時のものと同じであることに気づきました。亡き夫が末娘の葬儀が終わってまもなく書き始めた短編集『彼岸過迄』には、「雨の降る日」という一編が収められています。亡くなった子どもの追憶ともいうべきこの短編作品は、ひな子の二度目の誕生日の前日の三月二日に書き出して、彼岸過までに書き終わった、それも何かの因縁で、子どものためにいい供養をしてやったというようなことが、その場に居合わせた知人に宛てた手紙に書いてあったそうです。この物語のなかに出てくる宵子とはひな子のことであり、作品のなかでは、その葬儀の一部始終が詳細に写生されています。妻が娘の骨上げの時のことを覚えていただけでなく、夫の作品中で克明に写生された骨上げの場面の記憶は、この作品を読んだ多くの読者によって共有されることになったのです。

今、改めて「雨の降る日」という短編を、いわゆる「フィクション」としてではなく、わが子を追憶する実父による「ノンフィクション」として読み直すと、あたかも読み手は、自分もその場に居たかのような錯覚に陥るほど、情景の描写が細やかなことに驚かされます。作者が自分の想像に任せて、あたかも現実にあったことであるかのように偽装した絵空事の「フィクション」ではなかったことがよく理解できます。私が専門とする家族療法では、家族面接の場面を正確に記録するためにビデオ録画を用いることがありますが、父親である漱石はそのような装置なしに、自分の脳裏に刻んだ記憶だけを便りに、わが子の死のいきさつを忠実に写生した文章を完成させていたのです。

この作品を読んだ印象を、妻も記憶していました。そして、そのわが子の火葬の時の記憶が手がかりとなって、目前にある夫を焼いたばかりの竃が同じ物であることに気づいたのです。五年前のわが子の骨上げの時と寸文違わぬ手順で、夫の骨上げの儀式が執り行われていきました。この父親の骨上げの情景は、同時に参列していた弟子であり後に長女の夫となった松岡譲によっても記憶され、その著『漱石先生』のなかの一編「其後の山房」で、「お骨上げ―十二月十三日」という見出しで詳細に描写されています。生前の漱石の弟子であり、後に義理の息子ともなった松岡の文章は、義父のものほど写生の技を凝らしてはいませんが、それでも身内の悲しみが切々と伝わってきます。

本書で頻繁に引用してきた『漱石の思い出』は、松岡が義父の没後一〇年目に未亡人となった義母から聞き取った思い出話をまとめたものです。その詳しいいきさつは、『漱石先生』のなかの「追憶記の事」に書かれています。そこには、家族の一員にまでなった弟子の熱い思いが記されています。

手加減をしないといへば、又どんなつまらなさうに見えるものでも、どんなくだらなさうに見えるものでも、出来るだけ生かして書き込むやうにした。私自身がくだらないと思つても、案外人の目にはくだらなくないのかも知れない。又今の同時代の人々が九十九人迄面白くないときめて顧みない事でも、或一人でもが面白いといへば、それは正にそれだけの価値があるものだ。ましてやそれが百年の後にでもなれば、どうでんぐりかへるか知れたものではない。だから自分はつとめてそれらを捨てずに生かさうとして来た。

（『漱石先生』３２１～３２２頁／傍点は引用者）

義理の息子が、義母の心に残る亡き夫や子どもたちとの思い出を、細大漏らさず残しておこうとした意図は、まさに漱石の没後一〇〇周年を目前にした現在にあって、本書執筆の私の意図とも符号します。とくに、父親としての漱石が末娘の突然死の原因について、解剖をしていれば何か分かったかもしれないと悔いていたことから、妻は夫の遺体の解剖を主治医に自ら申し出て、既往歴に関連が深い脳と胃の部位に限定した解剖が行なわれました。その一週間後には、執刀医による脳標本の供覧と解剖所見の詳しい解説が、東大医学部の病理学教室で行なわれています。その講演録は「日本消化器病学会雑誌」の別冊として公刊され、それが『漱石の思い出』にも再録され、現在では一般読者が入手しやすい文庫本にも収められています。したがって、ほぼ百年後を生きているわれわれ一般読者であっても簡単に入手し、その貴重な資料を直接読むことができるのです。

この事実は、一般に想像される以上に、とても重要な意味をもっています。実は、私が心理学研究を始めたばかりの二〇歳代の頃（六〇年代後半）は、神経心理学の研究手法を用いていました。しかも、研究テーマは脳機能の左右差を明らかにすることであり、とりわけ右半球におけるイメージ統合の機能を解明することでした。その後、三〇歳代前半で渡米し、家族療法と出会って以後は、研究の主軸を家族心理学に移したために、脳機能に関する神経心理学的研究からは離れました。しかし、臨床実践の根幹にかかわる重要なテーマとして、現在でも強い関心を落ち続けています。本書執筆に当たっても、長与又郎博士（後に第18代東京大学総長）による漱石の剖検についての講演録の内容は、丁寧に再確認しておくべきだと考えました。その再読の過程で、つぎの箇所に私の目は釘付けになったのです。

……夏目サンノ脳ハソノ重量ニオイテハサホド著シク平均数ヲ超過シテハオリマセヌガ回転ハドウモ

非常ニヨク発達シテイル、コトニ左右ノ前頭葉ト顱頂部ガ発達シテイル、ナカンズク右ノ側ガ複雑シテイル、スナワチフレクシヒノイワユル連合中枢『アッソチアチオンスフエーレ』ガヨク発達シテイル、ソレダケハ今日マデニ確カニ言ウコトガデキルノデアリマス、……（大正五年十二月十六日講演）

（『漱石の思い出』414頁／傍点は引用者）

要するに、漱石の脳は、創造性や物事を総合的にとらえる働きを司る部位とされる前頭葉や顱頂部《ろちょうぶ》が発達していて、とくに右側でその傾向が顕著だということが確認されたということなのです。現代の脳科学の発展によって実証されつつある「前頭葉」や「右脳」が高度に発達していたことは、漱石が物事や人間相互の関係の「パターン認識」に優れていたことを裏付ける結果が得られていたとも理解できます。しかし、そのような私の勝手な憶測も、生前に夫婦間で解剖についての相互理解がなされていなければ、成立しなかったはずのことです。また、このような専門性が高い講演録を、一般向けの読み物である回想記に再録した妻と娘婿の英断こそ称えられるべきかもしれません。

家族への愛

一人の男性として漱石を見た場合に、彼自身は父親に愛されるどころか、むしろ邪魔扱いされた存在であったことは、確かだと言わざるを得ません。また、彼自身も父親として、子どもに極めて不適切な養育態度を示したことも事実として認めざるを得ないように思われます。しかし、これまで見てきたように、家庭環境としては恵まれないなかで育ちながら、妻とともに父親として生きた歳月は、日本人としてはきわめて個性的な人生だったといえます。にもかかわらず、多くの日本人が彼の作品から大きな精神的影響を受け続けていることは、世界的な視野から見ても稀有なことのようです（D・フラナガン、二〇〇二）。

ここで、漱石の孫娘の一人である随筆家の半藤末利子が、祖母の鏡子から直接聞いた「夫への評価」を紹介しておきます（半藤、一九九四）。なお、彼女は、漱石の長女筆子と松岡譲夫婦の四女で、先に引用した松岡陽子マックレインの妹であると同時に、作家半藤一利の妻でもあります。

いつか二人で交わした世間話が、漱石の門下生や、鏡子の弟や二人の息子や甥達に及んだ時、「いろんな男の人をみてきたけど、あたしゃお父様が一番いいねぇ」と遠くを見るように目を細めて、ふと漏らしたことがある。

また、別の折には、もし船が沈没して漱石が英国から戻ってこなかったら、

「あたしも身投げでもして死んじまうつもりでいたんだよ」

と言ったこともある。何気ない口調だったが、これらの言葉は思い出すたびに私の胸を打つ。筆子が恐い恐いとしか思い出せなかった漱石を、鏡子は心の底から愛していたのであろう。

（『漱石の思い出』解説462頁）


この孫娘の証言から、親の愛に恵まれることのなかった漱石が、世間から悪妻呼ばわりされていた妻からは惜しみない愛を注がれていたことが分かります。平時の時ならいざしらず、「狂気」に支配された時でさえ、夫に向ける妻の愛情が揺らぐことはなかったのです。では、その妻の思いは、夫に届いていたのでしょうか。今となっては、それを直接に確かめることはできませんが、漱石の作品中に、そのかすかな兆候を見つけ出すことができました。漱石の死の直前に執筆された『明暗』には、主人公の妻であるお延の心理過程を写生した、つぎの一文が挿入されています。

彼を愛する事によつて、是非とも自分を愛させなければやまない。――これが彼女の決心であった。その決心は多大の努力を彼女に促がした。彼女の努力は幸い徒労に終らなかった。彼女は遂に酬いられた。少なくとも今後の見込を立て得る位の程度において酬いられた。彼女から見れば不慮の出来事といわなければならないこの破綻《はたん》は、取《と》り直さず彼女に取って復活の曙光であった。彼女は遠い地平線の上に、薔薇色《ばらいろ》の空を、薄明るく眺める事が出来た。そうしてその暖かい希望の中に、この破綻から起る凡ての不愉快を忘れた。

（『明暗』百十二／傍点は引用者）

文中の「彼女から見れば」や「彼女に取って復活の曙光」というフレーズは、妻の視点に立ったものであり、作者である漱石が夫や男性ではなく、妻や女性の立場に身を置き、読み手がその心理過程にぴったり寄り添えるように、実に生き生きと写生しています。ここからは、私の憶測ですが、病躯《びょうく》に鞭打ちながら執筆を続ける最晩年の漱石には、死の恐怖が常につきまとっていたのかもしれません。自分が倒れてしまえば、妻とまだ小学生になったばかりの末息子を含む六人の子どもを、後に遺すことになります。しかし、作品さえ残しておけば、その印税によって妻子は生きていけるだろう。漱石はそのように願いながら、『明暗』の文章をひたすら書き続けたのではないでしょうか。

さらに想像をたくましくすれば、「彼女は遂に酬いられた。少なくとも今後の見込みを立てる位の程度において酬いられた」という文章のなかで「酬いられた」を二度も繰り返しています。しかも、通常の「報いられた」の表記ではなく、「報酬」を連想させる「酬」の字を用いたのは意図的だったかもしれません。極端といえるほど責任感や倫理観が強かった漱石は、自らの人生が最終段階を迎えつつあることを自覚し、苦労をかけた妻と子どもたちに生活の基盤を保証する収入源のめどが立っていることを、密かに伝えようとしたのではないでしょうか。このような理解は、深読みのしすぎだと非難を受けることかもしれません。しかし、漱石亡き後の家族の生活が実際に、潤沢な印税によって支えられたことは、疑う余地のないところです。

それにしても、漱石とその家族の人生は多くの偶然が組み合わさることによって、幸と不幸、あるいは明と暗に色分けされ、次つぎに展開していったように見えます。不運と見えたことが幸運の土台となり、明部のすぐそばには闇が待ちうけ、暗部を抜けたところで復活の燭光が差し込んでくるといった調子です。英国留学から帰国した直後に文学論を構築しようとして、彼は三者関係を現代の家族システム論にも通じる六つの基本パターンに図式化することを試みたことがありました。その図式に沿って、悲劇も喜劇も作り出せると豪語したことを、あたかも、自らの人生周期と家族の人生周期の双方を通じて実践したかのようです。

いうまでもなく、それは明確に意図したものではなく、さまざまな諸要因が組み合わさった複雑性のなせる業だったのでしょう。『明暗』のなかで主人公の夫は、妻となぜ結婚したのだろうかと考え始め、「……偶然？　ポアンカレーのいわゆる複雑の極致？　何だか解らない」とつぶやきます。この問いは、作者の漱石のみならず、一〇〇年後の日本の夫たちにとっても、解かれない「謎」として残されているのかもしれません。

幸い、現代の日本には明治時代には存在しなかった「家族心理学」という専門領域が存在し、夫婦や家族関係についての心理学的知見を生み出しつつあります。研究だけでなく、家族療法や夫婦療法などの先進的な心理的援助法によって、込み入った夫婦や家族の問題が解決できた事例も増えています。また、問題が深刻化する以前に予防策を講じることが重要であることも指摘され、具体的なプログラムも提案されています。家族の再生に向けた各種の取り組みが、日本の各地で展開されるようになることが期待されます。

父親の再生とワークライフ・バランス

存在感が乏しく、影が薄いと揶揄されることが多かった日本の父親にとって、再生の道を探ることは容易ではないかもしれません。しかし、一〇〇〇年に一度とも言われる今回の大震災に伴う日本社会の変動は、戦後の経済成長の影で不問に付されてきた日本の父親のあるべき姿を再考する、またとない機会になる可能性もあります。私としては、数年前から政府の重要な施策に掲げられるようになった「ワークライフ・バランス」や「男女共同参画社会」などの課題の延長線上に、さらに父親再生をめざす政策課題が位置づけられるようになることを願わずにいられません。

なぜなら、すでに述べたように、家庭での父親の存在感のなさは、個々の父親の怠慢によるものというより、長時間の労働や通勤によってもたらされた必然的な「結果」と考えられるからです。わが国の平均的な父親の在宅時間が欧米と比べて極端に短く、家事や育児にかかわるための最低限の時間すら確保できない労働条件が長期間「常態化」してきたために、個々の父親がワークライフ・バランスに沿ったライフスタイルを選択しようにも、事実上は不可能に近い状態が続いてきたからです。今後は、幼い子どもや学齢期の子どものいる家庭の父親が在宅時間を可能な限り延長することが求められます。この目標を実現するためには、各事業者が勤務形態をさまざまに工夫し、従業員である父親が家事や育児の役割を積極的に担えるように配慮していく必要があります。

その実行に当たっては、個々の父親の努力が要になることはいうまでもありませんが、妻たちの応援も欠くことはできません。ただし、これまで父親が参加する機会に恵まれなかった家族にとって、この新たな挑戦が最初からうまくいくとは限りません。失敗の危険性も、考えざるを得ないのです。そこで、家族療法や夫婦療法の技法を身につけた家族心理士や家族相談士、あるいは臨床心理士などの専門家の助けを借りることも有益だと考えます。欧米に比べれば、その数は少なく、まだ経験も充分でない嫌いもあります。それでも、家族以外の中立的な人物が介在することによって、とかく感情的になりがちな家族の関係調整が容易になることは間違いないことです。

また、ワークライフ・バランスの課題については、職場の勤務体制がいくら改善されたとしても、個々の家庭内での夫婦関係のバランスが崩れていては、実際の目標達成は難しいことでしょう。この点では、職場内での研修などで、家族心理学についての基礎的な内容を学ぶ機会が増えれば、職員の意識は確実に変化することが期待できます。日本人の習性として、職場の皆が実行しようとする機運が高まれば、夫婦間の対立も乗り越えやすくなるはずです。なにしろ、「世間の常識」がそのようになりつつあることが、夫婦に伝われば、家族のルール変更も一気に進むことが予想されます。つまり、世間と違うことを避けようとする心の動きが、対立しがちな夫婦を結び付けてくれる可能性が高まるからです。

世間の代表としての職場の雰囲気が、ワークライフ・バランスを受け入れる方向に変わりさえすれば、その構成員である職員は「安心して」そのルールに沿った生活スタイルを選択しやすくなるはずです。妻が専業主婦の場合でも、夏目鏡子がそうであったように、自宅を職場とみなせば、妻も同僚として位置づけることができます。さらに、子どもを含む家族全体のワークライフ・バランスの推進者としても尊重され、自尊心を高く維持しつつ、夫とともに子育てに情熱を注げるのではないでしょうか。そこから、日本独自のワークライフ・バランスの「雛形」が、生み出されるかもしれません。

明治時代の漱石夫婦はまったく手探りの状態で、家族人生周期の危機に対処せざるをえませんでした。

それは、ワークライフ・バランスには程遠い、常に崖っぷちでの戦いだったといえます。いっぽう、現代のわれわれは「家族心理学」の知見によって、家族人生周期での主要な危機を事前に想定し、それに適切に対処する方法を模索する段階にきています。その際に、漱石が独自に考案した「写生文」の手法を、現代家族のコミュニケーション分析に再利用することも考えられます。まさに、「温故知新」という言葉が当てはまります。没後百年の日本の父親の再生に、自らの命を削るような苦闘の成果が役立つとすれば、『明暗』を完成できなかった漱石の無念の思いは、多少とも報われるに違いありません。

おわりに

私が三三歳だった一九八一年の九月に、ニューヨーク市郊外の民間の研修機関で家族療法の訓練を受け初めてから、まる三〇年が経ちました。その記念すべき年に、本書は世に出ます。感無量の思いです。家族療法の通所訓練初日のパーティで、仲間の訓練生のアメリカ人男性の一人が、「日本人が本気で家族療法を取り入れ始めたら、日本の自動車のようにアメリカを追い抜くかもしれない。脅威だな」と、冗談まじりに私に語ったことを思い出します。当時は、低燃費で故障が少なく、しかも低価格の日本車がアメリカで爆発的な売れ行きを示していたばかりでなく、日本の商社や不動産会社がマンハッタンの高級ホテルや不動産の物件を軒並み買収するなど、小国日本が大国アメリカの威信を脅かしつつあった時期でした。したがって、ただの冗談とも受け取れず、多少の真実味もあったのです。

残念ながら、彼の予想は外れたといわざるを得ません。私自身は、密かに「その冗談が現実になれば、おもしろいな。そうなれば、戦後の日本がこうむったエコノミック・アニマルの汚名を返上できるにちがいない」とも思ったものです。しかし、「物作り」とちがって、「心の問題」での専門性に関しては、先行する欧米に追いつくことができない現状が続いています。やはり、「物」と「心」では、文明の到達度が違うのかもしれません。「心理学」や「心理療法」に関しては、日本はこのまま欧米の水準には遠く及ばない、「発展途上」の段階に甘んじる以外にないかもしれないと考えることすらあります。

しかし、根っから天邪鬼《あまのじゃく》の傾向がある私は、当初から、「日本には日本の、家族療法や家族心理学があってしかるべきではないか」と考えてきました。帰国後まもなく、不登校や家庭内暴力の問題に苦しむ家族を対象にして家族療法の実践を始めた私は、欧米の教科書やマニュアル通りには進まない、日本の家族問題の特徴に気づかされました。とくに、幼児期や児童期の子どもが親と同席する面接では、欧米直輸入の「会話中心の面接」では、行き詰まりや限界を感じることが多くなったのです。その結果、大きな理論的枠組みについては、欧米由来の家族療法に依拠しながら、目の前に現れる多様な家族の方がたと接するに当たっては、その特有の文化・社会的ないし、歴史的特性に配慮するようになりました。

さまざまな試行錯誤を重ね、「家族境界膜理論」という独自の理論構成を行なうとともに、いくつかの新たな手法を編み出してきました。いまでは、私が考案した「超軽量粘土法」や「家族イメージ法（FIT）」が徐々にですが、国内で広まりつつあります。また、アメリカ、イギリス、ニュージーランド、オーストラリア、カナダ、韓国、及び中国で開催された国際学会での発表や主要大学での招聘講演やデモンストレーションは、幸いにも好評を得ることができました。現在、私は国際家族心理学会会長として、二〇一三年に東京で開催を予定している次期大会の準備を始めているところです。

とはいえ、これらの専門領域における活動はきわめて限定した範囲の専門家や関係者が知るのみであり、一般には、ほとんど知られていません。心理学ワールドのなかでも、家族心理学の存在意義を十分に認識している人は、さほど多いとはいえない状況にあります。しかし、今回の大震災が発生したことで、日本社会に構造的な変化が生じ始めているようにも思われます。外食を減らして家で食事をする機会を増やす、あるいは、災害時の避難路や連絡方法を互いに確認しあうことなどが、どこの家庭でも行なわれているようです。結婚に踏み切るカップルも多く、結婚式場の予約が増えた、あるいは婚約指輪の売り上げが伸びたなどの報道もなされています。

巨大な津波に一挙に押し流される無数の家屋の映像が世界中に配信され、さらに「想定外」とされた原子力発電所の爆発事故が現実のものとなりました。大規模な放射能汚染が人びとにもたらした不安は、一向に解消される見込みは立っていません。このような状況では、頼れるのは、身近な家族の絆ということになるはずです。しかし、肝心の「家族」そのものが、さまざまな心理的問題を抱えているために、不安がむしろ増幅される危険性さえ懸念されます。私はここに、「個人」を超えた「生命システム」としての家族の心理状態を安定的に保つための具体的な「知恵」が求められる社会的背景が整ってきたように感じています。皮肉な話ですが、「巨大な災禍」が、「卑小な家族」という人間集団の存在意義を知らしめたといえます。

考えようによっては、本書で取り上げた夏目漱石も、一世紀以上前にこの問題に直面し、苦闘したのではなかったでしょうか。同時に、縁あって妻となった鏡子夫人の功績も見直されるべきだと考えます。少なくとも、「悪妻」のレッテルのみが貼られたままで済まされるとは思われません。そのような私の判断は、従来の漱石研究が漱石個人に傾きがちであったのと異なり、本書が家族の関係性を重視する「家族心理学」の視点に立っていたことからすれば、当然のことといえます。漱石夫妻の子ども世代のみならず、孫世代の証言を重視したことも、家族の多世代関係を重要視する観点からは、自然な成り行きとして理解していただけたのではないでしょうか。漱石の子孫の方々は、まぎれもなくわれわれと同じ時代を生きています。その連綿たる命の流れに、畏敬の念を抱かずにはいられません。

漱石によって切り開かれた、家族関係の心の闇を写生する文体とその細部にわたる精緻《せいち》な技法は、現代の家族が抱える心理的問題を解き明かすうえでも、貴重な示唆を与えるものと再認識することができました。日本の家族療法と家族心理学は、欧米から実に多くのものを得てきました。同時に、われわれは日本人の先達の偉業に学ぶ姿勢を示してもよいのではないでしょうか。とりわけ、最晩年の漱石は臨死体験の直後ですら、アメリカの心理学者ウィリアム・ジェームズの遺作となった「多元的宇宙」を原書で読破し、大いなる共感を示しています。極論のそしりを受けるかもしれませんが、ある意味で、漱石は日本人初の家族心理学者だったのかもしれません。ただし、それも「鏡子」という類い稀な日本人妻の存在があってこそだと、今の私には思えてならないのです。

引用文献

序章

・鑪幹八郎　『アイデンティティとライフサイクル論』　ナカニシヤ出版　二〇〇二
・Friedman, J. L., Identity's Architect: A Biography of Erik H. Erikson. Scribner, NewYork. 1999
・Bloland, S.E., In the Shadow of Fame: A Memoir by the Daughter of Erik H. Erikson. Penguin Books, New York. 2005
・グレゴリー・ベイトソン　佐藤良明（訳）　『精神と自然―生きた世界の認識論　改訂版』　新思索社　二〇〇一
・L・Abate, L., Family Psychology Ⅲ. University Press of America, Lanham. 2003
・亀口憲治　『家族心理学特論　改訂新版』　放送大学教育振興会　二〇一〇
・小倉脩三　『夏目漱石―ウィリアム・ジェームズ受容の周辺』　有精堂出版　一九八九
・宮本森太郎・関静雄　『夏目漱石―思想の比較と未知の探求』　ミネルヴァ書房　二〇〇〇
・水川隆夫　『漱石と仏教―則天去私への道』　平凡社　一九八六
・石崎等　「代表作ガイド」　加賀乙彦（編）　『夏目漱石』　小学館　353頁　一九九一

第一章

・竹長吉正『若き日の漱石』右文書院　一九九二
・夏目漱石『道草（漱石文学作品集13）』岩波書店　一九九〇
・塚本嘉壽『漱石、もう一つの宇宙』新曜社　一九九四
・水川隆夫『漱石と仏教―則天去私への道』平凡社　一九八六
・夏目漱石『硝子戸の中』岩波書店　一九九〇
・夏目漱石『思い出す事など』岩波書店　一九八六
・三浦雅士『漱石―母に愛されなかった子』岩波書店　二〇〇八
・竹長吉正『若き日の漱石』右文書院　一九九二
・夏目伸六『父の法要』新潮社　一九六二
・竹長吉正『若き日の漱石』右文書院　一九九二
・川島幸希『英語教師　夏目漱石』新潮社　二〇〇〇
・三好行雄『漱石文明論集』岩波書店　一九八六
・夏目漱石『道草（漱石文学作品集13）』岩波書店　一九九〇
・夏目鏡子・松岡譲『漱石の思い出』文芸春秋　一九九四
・山本順二『漱石の転職―運命を変えた四十歳』彩流社　二〇〇五
・矢島裕紀彦『心を癒す漱石からの手紙』青春出版社　一九九九
・三好行雄　五六四頁の注　夏目漱石『明暗』岩波書店　一九九〇

・夏目鏡子・松岡譲　『漱石の思い出』　文芸春秋　一九九四
・小山慶太　「『明暗』とポアンカレの「偶然」」　『漱石研究』　第一八号　96－106頁　二〇〇五
・ポアンカレ　寺田寅彦（訳）　「偶然」　『寺田寅彦全集』　第九巻　岩波書店一九六七

第二章

・フィッシャー　吉田利子（訳）　『愛はなぜ終わるのか』　草思社　一九九三
・夏目鏡子・松岡譲　『漱石の思い出』　文芸春秋　一九九四
・矢島裕紀彦　『心を癒す漱石からの手紙』　青春出版社　一九九九
・内閣府　「平成21年度地方公共団体におけるワークライフ・バランス推進施策に関する調査報告書」　内閣府　二〇一〇
・亀口憲治（監修）　群馬県総合教育センター（著）　『体験型の子育て学習プログラム15』　図書文化　二〇〇六
・Gottman, J. & Levenson, R., Rebound from marital conflict and divorce prediction. Family Process, 38, 287-292. 1999
・駒尺喜美　『漱石という人―吾輩は吾輩である』　思想の科学社　一九八七

第三章

・亀口憲治　『家族臨床心理学―子どもの問題を家族で解決する』　東京大学出版会　二〇〇〇

・亀口憲治『家族のイメージ』河出書房新社　二〇〇四
・亀口憲治『家族心理学特論　改訂新版』放送大学教育振興会　二〇一〇
・三好行雄『漱石文明論集』岩波書店　一九八六
・夏目漱石『門』岩波書店　一九九〇
・宮澤健太郎『漱石の文体』洋々社　一九九七
・熊倉千之『漱石の変身―『門』から『道草』への羽ばたき』筑摩書房　二〇〇九
・熊倉千之『漱石のたくらみ―秘められた『明暗』の謎をとく』筑摩書房　二〇〇六
・大江健三郎「解説」夏目漱石『明暗』岩波書店　一九九〇

第四章

・亀井俊介『英文学者　夏目漱石』松柏社　二〇一一
・夏目鏡子・松岡譲『漱石の思い出』文芸春秋　一九九四
・中島国彦・長島裕子『夏目漱石の手紙』大修館書店　一九九四
・夏目伸六『父・漱石とその周辺』芳賀書店　一九六七
・夏目房之介『漱石の孫』実業之日本社　二〇〇三
・夏目伸六『父・夏目漱石』文芸春秋新社　一九五六
・夏目伸六『父の法要』新潮社　一九六二
・松岡陽子マックレイン『漱石の孫のアメリカ』新潮社　一九八四

・夏目房之介『漱石の孫』実業之日本社　二〇〇三
・夏目房之介『孫が読む漱石』実業之日本社　二〇〇六
・松岡陽子マックレイン『孫娘から見た漱石』新潮社　一九九五
・夏目鏡子・松岡譲『漱石の思い出』文芸春秋　一九九四
・夏目漱石『彼岸過ぎ迄』岩波書店　一九九〇
・松岡譲『漱石先生』岩波書店　一九三四
・ダミアン・フラナガン『日本人が知らない夏目漱石』世界思想社　二〇〇三
・半藤末利子「解説」夏目鏡子・松岡譲『漱石の思い出』文芸春秋、462頁　一九九四
・夏目漱石『明暗』岩波書店　一九九〇

参考文献

・日本家族心理学会（監修）『家族心理学事典』金子書房　一九九九
・日本家族心理学会（編）『家族心理学年報1　家族臨床心理の展望』金子書房　一九八三
・日本家族心理学会（編）『家族心理学年報2　心の健康と家族』金子書房　一九八四
・日本家族心理学会（編）『家族心理学年報3　家族カウンセリングの実際』金子書房　一九八五
・日本家族心理学会（編）『家族心理学年報4　ライフサイクルと家族の危機』金子書房　一九八六
・日本家族心理学会（編）『家族心理学年報5　親教育と家族心理学』金子書房　一九八七
・日本家族心理学会（編）『家族心理学年報6　結婚の家族心理学』金子書房　一九八八
・日本家族心理学会（編）『家族心理学年報7　思春期・青年期問題と家族心理学』金子書房　一九八九
・日本家族心理学会（編）『家族心理学年報8　現代家族の揺らぎを越えて』金子書房　一九九〇
・日本家族心理学会（編）『家族心理学年報9　新しい家族の誕生と創造』金子書房　一九九一
・日本家族心理学会（編）『家族心理学年報10　家族の離別と再生』金子書房　一九九二
・日本家族心理学会（編）『家族心理学年報11　家族とコミュニケーション』金子書房　一九九三
・日本家族心理学会（編）『家族心理学年報12　家族における愛と親密』金子書房　一九九四
・日本家族心理学会（編）『家族心理学年報13　家族　その変化と未来』金子書房　一九九五

・日本家族心理学会（編）『家族心理学年報14　21世紀の家族像』金子書房　一九九六
・日本家族心理学会（編）『家族心理学年報15　児童虐待』金子書房　一九九七
・日本家族心理学会（編）『家族心理学年報16　パーソナリティの障害』金子書房　一九九八
・日本家族心理学会（編）『家族心理学年報17　こころのパニック』金子書房　一九九九
・日本家族心理学会（編）『家族心理学年報18　ジェンダーの病』金子書房　二〇〇〇
・日本家族心理学会（編）『家族心理学年報19　学校臨床における家族への支援』金子書房　二〇〇一
・日本家族心理学会（編）『家族心理学年報20　子育て臨床の理論と実際』金子書房　二〇〇二
・日本家族心理学会（編）『家族心理学年報21　家族カウンセリングの新展開』金子書房　二〇〇三
・日本家族心理学会（編）『家族心理学年報22　家族内コミュニケーション』金子書房　二〇〇四
・日本家族心理学会（編）『家族心理学年報23　家族間暴力のカウンセリング』金子書房　二〇〇五
・日本家族心理学会（編）『家族心理学年報24　夫婦・カップル関係』金子書房　二〇〇六
・日本家族心理学会（編）『家族心理学年報25　家族支援の心理教育』金子書房　二〇〇七
・日本家族心理学会（編）『家族心理学年報26　家族心理学と現代社会』金子書房　二〇〇八
・日本家族心理学会（編）『家族心理学年報27　家族のストレス』金子書房　二〇〇九
・日本家族心理学会（編）『家族心理学年報28　家族にしのびよる非行・犯罪』金子書房　二〇一〇
・日本家族心理学会（編）『家族心理学年報29　発達障害と家族支援』金子書房　二〇一一

あとがき

わが国が東日本大震災という未曾有の災禍に見舞われた年に、本書を送り出すことになろうとは、まったく夢にも思っていませんでした。また今回ほど、人生での出会いの不思議さを、心の底まで深く味わったことはなかったように思います。顧みると、これまで四〇年近く、臨床心理学という専門分野での学術論文や専門書は、数多く執筆してきました。しかし、「私」という主語を前面に掲げ、読者に直接語りかけるような文体で、冒頭から末尾に至るまで一貫して書き記したことは初めてのことです。還暦を過ぎて、このような前例のない企てに取り組むことは、無謀だったかもしれません。しかも主題は、専門外の夏目漱石とその家族が織り成した「こころ模様」だというのですから、自分でも驚きです。

とはいえ、私にとっては、まったく見当違いのことでもなかったのです。物心つく頃から、絶えず心に浮かんでいたこと、あるいは、考え続けてきたことを、ようやく声に出して語れるようになった感があります。自らの考えと言葉をできるだけ一致させようと、徹頭徹尾心がけながら書き続けました。まだ見ぬ読者の方々を想像しつつ、家族心理学の立場から、漱石と家族が歩んだ道のりを、私なりの視点で読み解いてきました。後は、読者の方々のそれぞれの読みに委ねます。「家族」についての何らかの気づきがあれば、私にとっては望外の喜びです。

本書の企画・編集は、福村出版の編集部の西野瑠美子さんの熱意と宮下基幸取締役の決断によって実現しました。西野さんは途中で体調を壊しながらも見事に復活を遂げ、節電を強いられる酷暑のなか、編集作業を貫徹してくれました。心から感謝します。

最後になりましたが、そもそも三〇年前のニューヨークで、「家族療法」への道を歩みだすきっかけを作ってくれたわが妻節子と、その後の苦難の旅に同行してくれた娘の尚代、そして息子の啓晃に本書を捧げます。

二〇一一年八月一一日

湯島の寓居にて　亀口憲治

亀口憲治（かめぐち・けんじ）

1948年福岡県生まれ。1975年九州大学大学院博士課程単位修得退学。1980年フルブライト研究員（ニューヨーク州立大学）、1995年福岡教育大学教授、1998年東京大学大学院教育学研究科教授、2002年東京大学総長補佐、2004年臨床心理学コース教授・東京大学学生相談所長、2008年東京大学学生相談ネットワーク本部特任教授を経て現在に至る。2011年国際医療福祉大学大学院教授、東京大学客員教授、放送大学客員教授。

専攻は臨床心理学（教育心理学博士、臨床心理士、家族心理士）。主な役職は国際家族心理学会（IAFP）会長、日本臨床心理士会理事、日本家族心理学会・家族心理臨床研修センター長、システム心理研究所長、子ども教育支援財団理事等。

主な編著書に、『心理臨床大事典』（培風館）、『家族臨床心理学』（東京大学出版会）、『家族力の根拠』（ナカニシヤ出版）、『家族療法』（ミネルヴァ書房）、『臨床心理面接技法3』（誠信書房）、『家族療法的カウンセリング』（駿河台出版社）、『心理療法ハンドブック』（創元社）等がある。

夏目漱石から読み解く「家族心理学」読論

2011年 9 月 10 日　初版第1刷発行

著　者　亀口憲治
発行者　石井昭男
発行所　福村出版株式会社
〒113-0034
東京都文京区湯島2-14-11
TEL 03-5812-9702
FAX 03-5812-9705
http://www.fukumura.co.jp
印刷・製本　シナノ印刷株式会社

©Kenji Kameguchi 2011
ISBN978-4-571-24045-4 C3011 Printed in Japan
落丁・乱丁本はお取り替えいたします。
◎定価はカバーに表示してあります。

福村出版◆好評図書

近藤邦夫 著／保坂 亨 他 編 **学校臨床心理学への歩み** **子どもたちとの出会い、教師たちとの出会い** ●近藤邦夫論考集 ◎5,000円 ISBN978-4-571-24042-3 C3011	著者が提唱した「学校臨床心理学」を論文集から繙く。子ども，学生，教師，学校現場に不変の理念を示唆する。
秋山邦久 著 **臨床家族心理学** ●現代社会とコミュニケーション ◎2,100円 ISBN978-4-571-24039-3 C3011	近年増え続ける親子間のコミュニケーション不全に注目し，心理臨床的立場から現代社会と家族援助を考える。
土井高徳 著 **青少年の治療・教育的援助と自立支援** ●虐待・発達障害・非行など深刻な問題を抱える青少年の治療・教育モデルと実践構造 ◎4,500円 ISBN978-4-571-42022-1 C3036	長期反復の児童虐待により深刻な発達上の課題を抱える子どもたちへの，治療・教育的援助の課題と指導方法。
J.A.コトラー・J.カールソン 編著／岩壁 茂 監訳 **ダイニングテーブルのミイラ** **セラピストが語る奇妙な臨床事例** ●セラピストはクライエントから何を学ぶのか ◎3,500円 ISBN978-4-571-24046-1 C3011	信じられない話，奇怪な話，おかしい話，怖い話，心温まる話……，著名なセラピストが経験した印象的な臨床事例。
J.B.アーデン・L.リンフォード 著／安東末廣・笠井千勢・高野美智子 訳 **脳科学にもとづく子どもと青年のセラピー** ●日々の実践に役立つ治療法 ◎4,000円 ISBN978-4-571-24044-7 C3011	ＡＤＨＤ，不安障害，気分障害などのセラピーに，脳科学が果たす役割に注目した実践的ガイド。
R.E.クラーク・J.F.クラーク・C.アダメック 編著 小野善郎・川﨑二三彦・増沢 高 監修 門脇陽子・森田由美 訳 **詳解 子ども虐待事典** ◎8,000円 ISBN978-4-571-42026-9 C3536	約500の重要項目を詳細に解説。関係者必携の米国最新版事典。巻末に日本の虐待問題についての用語集を付す。
子どもの虹情報研修センター 企画／保坂 亨 編著 **日本の子ども虐待〔第2版〕** ●戦後日本の「子どもの危機的状況」に関する心理社会的分析 ◎6,800円 ISBN978-4-571-42034-4 C3036	戦後日本の子ども虐待に対する社会の認識や施策の変遷等，膨大な文献調査をもとに詳述。07年初版の増補版。

◎価格は本体価格です。